墨子

嗨！有趣的故事

Hi! Story

李清源

中華教育

【出版說明】

在文字出現以前，知識的傳遞方式主要就是語言，靠口耳相傳的方式記錄歷史與情感表達。人類的生活經歷、生命情感也依靠著「說故事」來「記錄」。是即人們口中常說的「傳說時代」。然而文字的出現讓「故事」不僅能夠分享，還能記錄，還能更好、更廣泛地保留、積累和傳承。

《史記》「紀傳體」這個體裁的出現，讓「信史」有了依託，讓「故事」有了新的準則：文詞精鍊，詞彙豐富，語言精切淺白；豐富的思想內容，不虛美、不隱惡。選擇人物一生中最有典型意義的事件，來突出人物的性格特徵，以對事件的細節描寫烘托人物的情感表現，用符合人物身份的語言，表現人物的神情態度、愛好取捨。生動、雋永而又情味盎然。

「故事」中的人物和事件，從來就是人類的「熱門話題」。她是茶餘飯後的趣味談資，是小說家的鮮活素材，是政治學、人類學、社會學等取之無盡、用之不竭的研究依據和事實佐證。

中國歷史上下五千年，人物眾多，事件繁複，神話傳說與歷史事實並存，正史與野史交錯互映，頭緒繁多，內容龐雜，可謂浩如煙海、精彩紛呈，展現了中華文化的源遠流長與博大精深。讓「故事」的題材取之不盡，用之不竭。而其深厚的文化底蘊如何呈現，怎樣傳承，使之重光，無疑成為《嗨！有趣的故事》出版的緣起與意趣。

《嗨！有趣的故事》秉持典籍史料所承載的歷史精神，力圖反映歷史的精彩與真實。深入淺出的文字使「故事」更為生動，更為循循善誘、發人深思。

《嗨！有趣的故事》以蘊含了或高亢激昂或哀婉悲痛的歷史現場，以對古往今來無數先賢英烈的思想、事蹟和他們事業成就的鮮活呈現，於協助讀者不斷豐富歷史視域和深度思考的同時，不斷獲得人生啟迪和現實思考、並從中汲取力量，豐富精神世界，在實現自我人生價值和彰顯時代精神的大道上，毅勇精進，不斷提升。

【導讀】

在中國漫長而光輝的歷史上，墨子是一個傳奇式的存在。他是人類歷史上極其罕見的全才，眾所周知的頭銜有思想家、教育家、政治家、軍事家、社會活動家，同時他還是傑出的科學家、哲學家、邏輯學家、發明家，與魯班齊名的大匠。他創造了與儒家齊名的墨家學派，並將其改造為具有強大行動力的準軍事和政治組織。終戰國之世，墨家都活躍在各諸侯國之間，成為一支頗具影響的民間力量。墨子所提出的「兼愛」、「非攻」、「尚賢」、「尚同」等思想，也成為中華文明核心價值的重要組成部份，對國人的人文精神培養和人格塑造產生了深遠的影響。梁啟超稱其為「勞動人民的大聖人」，胡適稱其為「中國出現過的最偉大的人物」，魯迅稱其為「中國的脊梁，傳奇式的偉大英雄」。蔡元培則對墨子的科學貢獻與科學精神推崇備至，認為「先秦唯墨子頗治科學，假使今日中國有墨子，則中國可救」。

然而自秦朝之後，墨家驟然消亡，從此兩千多年皇權社會再無墨家立足之地。司馬遷著《史記》，略有影響的人物都有傳記，墨子如此重要和偉大，卻僅有區區二十四字，附在〈孟子荀卿列傳〉之後。縱使這二十四個字——「蓋墨翟，宋之大夫，善守御，為節用，或曰并孔子時，或曰在其後」——也不都是有用的，其中「宋之大夫」一語，經梁啟超、方授楚等人考證已知是錯誤的；「或曰並孔子時，或曰在其後」說了又等於沒說。太史公尚且如此，其他史家更是對墨子視而不見，隻字不提。以致於後世對墨子事蹟的瞭解大多源自《墨子》一書，以及諸子書中隻言片語的記載。這些記載東麟西爪、支離破碎，不但沒有系統，還往往互相矛盾。後世學者的著述與考辨也常常是各講各話、彼此牴牾。

這是一件很令人感慨的事。沒有哪一個歷史人物像墨子這麼重要，生平事蹟卻又如此貧乏，這既不正常，也不公平。在崇尚和平與科學的今天，重新審視墨子，從他的功業與思想中獲取文化自信與精神力量，無疑是有益的，也是有必要的。

因此，本書將重新敘述墨子故事，在校訛訂誤、折中諸說的基礎上，以經由考證的史料為敘事準繩，以墨子救宋事件為核心情節，再現墨子和他的時代，使讀者透過此書瞭解墨子的思想理念，感受墨子的人格魅力，以及墨家無私無我、慷慨赴義的精神和勇氣。

目錄

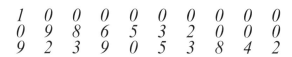

救難路上

明月在天，無邊的清輝灑在靜謐的大地上，遠村和近樹全都靜默，世界像幽夢一般安詳，只有蟲鳴的聲音此起彼落。

遠方隱約傳來打更的梆子聲，已經四更了，連最勤勞的鄉民也早已入睡，一條偏僻的小徑上卻出現三個壯漢。他們手執鐵鍤、鐵鏟，踏著沾滿露水的荒草向東疾行。他們並不關心這美好的夜色，只想著城東十里外那座巨大的墳墓。

墓地在一道山崗下，前方有條河流曲折而過，據說風水絕佳，裏頭埋著一位戴氏上大夫的父親，以及無數陪葬的金玉珠璣和華美青銅器。

三人蹚過河水，墳旁的松柏在月色下清晰可見，同時可見的還有兩名健碩的男子。月光如晝，雖然相隔尚遠，也可以看清那兩人身著短衣，背負長劍，在山崗前走來走去，像是在望風放哨。

三人很懊惱，以為是遲來一步，被別人搶先下手了。為了盜這墓，他們已經等了三年。

戴氏上大夫遵從禮制，父親死後在墳前建造茅屋守孝，直到三年期滿，才於今日乘坐牛車離去。

三名盜墓賊不甘心，悄悄商議了幾句，決定先摸過去看看情況。

那兩人早已發現他們，看到他們三人鬼鬼祟祟的，料想定來意不善，朝他們大喝一聲：「來者何人？」

三賊被喝聲擊中，怔了一怔，隨即聽出不是本地口音。

周王室衰微已久，無力掌控諸侯，各諸侯國之間連年征戰，天下百姓痛苦不堪，再遇到無道的君主，苛政猛於虎，人民便群起流亡，尋覓可以安身的樂土。這裏是宋國北境，那人的話音卻是齊國的腔調，裝束又如此寒酸，想必是逃竄到這裏做盜賊的流民。三名盜墓賊的膽氣頓時壯了起來，也不回話，舉起器械就衝了上去。那兩人卻不慌亂，等他們趕到面前，其中一人才拔劍在手，只見青光閃處，三名盜墓賊的器械已被盡數斬斷。

「何方賊人，敢對墨者撒野！」

那人厲聲斥罵。不遠處的崗坳後突然躍出十幾名短衣男子，各執利刃疾飛而來，眨眼間已衝到面前。

盜墓賊聽到「墨者」二字，又見憑空冒出來的這些猛士，一時驚慌失措起來。賊首膽子稍大一些，他仔細打量面前的兩位墨者，發現他們竟然是齊國的大惡人縣子碩與高何。

這兩人都是齊國有名的暴徒，平日橫行國內，無人敢惹。賊首前些年因為生活困頓，曾跟人前往齊國做生意，在齊國打混過一些時日，因此認得他們，不曾想今夜此時，這兩個異國的惡人竟然出現在這裏，還自稱是墨者！而那十餘名猛士也都穿褐衣，腳踩芒鞋，定是墨者無疑。縣子碩執劍審問，得知三人意在盜墓，回頭對那十幾名墨者說道：「毛賊而已，兄弟們儘管回去歇著。」

那些墨者朝縣子碩拱一下手，轉眼隱入崗坳之後。賊首朝那邊望去，只見丘壟如壘，荒草蕭蕭，看不到一個人影。

縣子碩收起長劍，對三賊說道：「咱們鉅子最是反對厚葬，你們意圖盜墓，雖然犯科，但依我們二人的脾性，本可以視而不見。只是我們鉅子也在，方才喧嚷，必定已經驚動了他老人家，沒奈何，只能把諸位押過去，聽他老人家發落。」

三名盜墓賊聽後愈發驚慌。

墨家稱他們的領袖為「鉅子」，此時的鉅子，正是墨家開宗立派的創始人墨翟（世人尊稱他為墨子）先生。墨家勢力遍佈四海，以興利除害為己任，急公好義，赴死如歸。墨子更是奔走於諸國之間，抵禦強暴，救助弱小。想必這次是他老人家又要去拯救哪個倒楣的國家，率領徒眾經過這裏，不願驚擾居民，便在這荒僻之處歇腳，不想撞上了盜墓賊。

三名盜墓賊既覺得晦氣，又感到幸運。縣子碩押著三賊走向山崗，繞過一道矮丘，只見有兩人坐在一堆亂石旁，各持兩段樹枝相互比畫。三賊不知何意，但從他們的動作看，好像是在彼此攻防。

兩人見縣子碩等人走近，停下動作，那名四十來歲的漢子站起身，恭敬侍立在年紀稍長的人身旁。

縣子碩向長者抱拳長揖，口稱「鉅子」，又向那名漢子拱了拱手，叫聲「師兄」。賊首偷眼觀望，只見那個被稱為鉅子的人面色黧黑，容貌清癯，想必就是大名鼎鼎的墨子了。鉅子朝縣子碩微微一點頭算是回應，被稱為師兄的漢子卻有些不高興。

「不過是幾名盜墓賊，按律處置便是，何須來煩擾鉅子？」

這位師兄身形魁梧，神色語氣都很嚴厲，正是墨家大弟子禽滑釐。縣子碩躬身道：「師兄教誨得是！」說完，要押盜墓賊走開。賊首知道是要懲罰他們，雖不知如何懲罰，但是落在縣子碩這種暴徒手裏，必定沒有好下場，不由得驚恐起來。

「你不能殺我們。」賊首衝墨子大叫，「你們墨家宣揚兼愛，就是要愛天下所有人。我們雖是盜賊，卻也是人，殺了我們，就是不愛我們。堂堂墨者，不能言而無信。」

墨子笑了笑，指指腳上的鞋子，那是雙草履，大概走路太多，已經磨損得不成樣子。「這鞋是草，我穿鞋，能說是穿草嗎？」

賊首搖頭。「不能。」

墨子伸手拔出禽滑釐背負的長劍，但見青光森然，殺氣逼人，一望便知是削鐵如泥的利器。墨家以擅長製造兵械聞名，禽滑釐身為墨家首徒，佩帶的劍自是不同凡響。

「這劍是銅，我拔劍，能說是拔銅嗎？」

賊首又搖搖頭：「不能。」

他茫然望著墨子，不知是什麼意思。墨子將劍橫在胸前，在劍身上輕輕一彈，振鳴聲錚然響起，猶如遠山中的虎嘯、雲霄上的龍吟。一道月光從劍身反射到他的褐衣上，恰好照見左腋前一條裂縫。

賊首注意到他那身褐衣，竟然跟縣子碩他們穿的一樣破舊。天下盛傳墨子提倡節用，生活儉樸，今日一見，果然不是虛言。墨子注視著賊首，神情平和，但卻有種難以言喻的威嚴。

「那麼，盜賊是人，我殺盜賊，能說是殺人嗎？」

賊首大驚，冷汗從額頭涔涔冒出。

墨子又說：「墨者兼愛世人，但卻不愛惡人，倘若惡人不能悔改，殺惡人便是愛世人。這正如我們主張非攻，反對戰爭，反戰不是不戰，倘若遇到殘暴的侵略者，與他們作戰便是反戰。」

墨子一邊說，一邊打量三名盜賊。

「幾日後，楚國將要侵略你們宋國。他們以大欺小，恃強淩弱，像這樣的不義之師，天下人盡可以群起而攻之。」

原來要倒楣的國家是他們宋國，那麼墨子一行應該是去救援首都商丘了。賊首垂下頭去，默不作聲。

墨子將劍還入禽滑釐劍鞘內，對三人說：「你們宋國雖是千乘之國，畢竟敵不過強悍的楚國，況且他們又有高人相助，此番大戰，必將異常慘烈。盜墓是死罪，念在你們沒有實犯，我也不再追究，但你們最好能去投軍，為國效力，抵消你們今日的罪責。」

三個盜墓賊都不說話。墨子見他們一副不情願的樣子，問道：「你們都是宋國人，國家危難，正當捨身報效，諸位卻不願去做，敢問是什麼緣故？」

三賊仍不作聲。縣子碩在旁邊大喝：「回話！」

賊首嚇得一哆嗦，支吾道：「先生是大義大勇的聖人，小人不敢對你說謊。我們雖是宋國百姓，但上自國君，下至邑宰、鄉嗇夫，從沒有人關心過我們的生死，遇到荒年饑饉，命都活不下去，他們照樣搜刮不已。我們來盜墓，便是想弄點錢財，養家糊口。

楚國攻打宋國，是他們國君和貴族的事，讓我們去為他們賣命，委實不願。」

賊首愈講愈恨，語氣也充滿激憤：「我以前聽人講，先生曾接受我們宋國國君的邀請，來宋國推行您的政治主張，後來國君卻聽信司城子罕的讒言，把您囚禁起來，差點殺掉，若不是您的弟子營救，性命已經不保。不知此事是否屬實？」

墨子點頭：「是實。」

「既然如此，宋國便是先生的仇敵，被楚國攻打正是活該，先生又何必去救它？」

墨子一笑。

墨子好心教導三個盜墓賊。

「我們墨者行義，不分親疏與恩仇，只要是被強者欺凌，便會仗義相助。宋國與我雖然有前怨，但它現在要被楚國侵略，卻是無辜的。我來救宋國，並不是救有仇的宋國，而是救弱。我們抗楚，也不是與楚國作對，而是抗暴。」

他在月光下背手而立，沉吟了一會兒，對三名盜墓賊說：「你們不是墨者，既然不願救難，我也不能勉強。你們去吧，以後不可再作惡，否則必有懲罰！」

三賊唯唯諾諾，在縣子碩的押送下躬身而退。

墨子望著他們離去，嗟歎再三，對禽滑釐說道：「國家無道，百姓便視國君如仇人，天下的執政者應當引以為戒啊。」

禽滑釐點頭。他望了一眼三個遠去的盜墓賊，眼光落到那座巨大的墳塋上，不禁冷笑：「那個貴族厚葬他的父親，自以為是行孝，不料卻因此引來盜墓賊，真是可笑又可悲！」

墨子也笑了笑，一點往事油然浮上心頭，想起了當年學儒時的一位舊友。

那時墨子年方弱冠，已是魯國自公輸般後最傑出的工匠，曾經用木片製造了一隻飛鳶，在天空翱翔了一天方才墜落。

然而工匠當時是下等人的事業，墨子雖然手巧，卻並不因此被達官貴人敬重。當時天下學派，儒家獨大，魯國又是儒學之鄉，上自國君，下至庶民，無不推重。墨子便也拜到一位大儒門下，學習儒學。

有個同學與他性情相投，兩人終日論道，欣然忘倦，成為莫逆之交。後來，這個朋友的父親因病去世，朋友遵守儒家提倡的禮制傳統，將全部家財都拿來陪葬，又在父親墳前清心守孝，不飲酒不吃肉，天天傷心悼念，結果因為哀傷過度，竟然一命嗚呼。

墨子雖然學儒不久，但因天資過人，很快就將儒學要義爛熟於胸，並對其中的很多觀點抱有異議。比如說，儒家相信天命，卻不信鬼神，提倡仁心仁術，卻又強調尊卑等級。墨子覺得這些都是自相矛盾的。他尤其反對儒家提倡的厚葬。其實儒家先師孔子在世時，並不提倡厚葬，有個叫林放的弟子曾經詢問禮教的根本，孔子說：「禮儀，與其奢侈，不如節儉。喪葬，與其隆重，不如哀傷。」

但是儒家禮教推行之後，迂腐儒士和世俗之人捨本逐末，徒取形式，將厚葬和守喪當作孝心的表現，陪葬愈多，守喪愈久，就代表愈孝順。墨子那個好友雖然為人通達，但最終因這些陋習而家破人亡。

墨子非常悲痛，憤而離開儒家，自創墨學，收徒授業，周遊列國，四處傳播他的學說。經過多年努力，墨學終於大行於天下，與儒學分庭抗禮，成為當世顯學，墨子也被世人尊為聖賢。

墨子追思往事，頗是感慨，那位朋友倘若不死，必將是自己的得力助手，墨者也將會造福更多世人。然而此時大戰在即，墨子沒有太多時間緬懷故人。他從懷中取出一幅素帛遞給禽滑釐，那是門人耕柱從楚國冒死送來的機密情報。

「楚國這次所依賴的，便是公輸般為他們製造的雲梯。關於它的形制機關，耕柱在圖中畫得很是詳細，你們趕到宋城後，要立即依圖造出一座，將咱們方才所創的破解之法，教給守城的墨者和宋國士兵。」

禽滑釐應諾，將素帛藏入懷內，臉上露出疲憊之色。算起來，他們已經連續奔走三晝夜了，其間幾乎不曾歇息。

三天之前，他和墨子還在前往齊國臨淄的路上。

墨家在齊國實力較弱，因為齊國文明鼎盛，百家爭鳴，墨家僅居其一，而且歷來不受國君和權臣待見，所以傳播緩慢。

墨子審時度勢，派遣弟子相夫子前往齊都臨淄，主持墨家在齊國的事務。齊國文士眾多，講究學問，論辯之風極為盛行，相夫子是墨家學養最為深厚的人，正可當此重任。

相夫子在齊國經營多年，果然開創出一番事業。

墨子用人大多如此。比如秦國尚勇，他就派勇冠天下的三晉相里勤去秦國做首領；楚國尚俠，他便派任俠使氣的鄧陵子去楚國做首領。兩人各展長才，使墨家的勢力和影響在秦、楚兩國愈來愈大。

相夫子雖是齊國最佳人選，但齊國畢竟與其他國家不同，相較於秦、楚、宋、越各國，發展依然遲緩。墨子也因此將更多時間和精力放在那裏，時常率領徒眾去講學。

前幾日他和禽滑釐難得有閒暇，便一起前往齊國。走到齊、魯兩國的邊境時，他們路遇一名卜者，那卜者是魯國前太史的兒子，與墨子相識。兩人在道路邊閒聊了幾句，卜者聽說墨子要去齊國，便勸他回程，此行一定不會順利。

墨子問他緣故，卜者道：「今日天帝要在北方殺黑龍，齊國是北方，你的臉又如此之黑，所以斷不可去。」

墨子知道他愛開玩笑，也一笑置之。不料一行人走到淄水，卻見河水大漲，濁浪滔滔，阻斷了去路。

墨子不甘心，與禽滑釐等人砍伐樹木，準備製作筏子。正忙碌間，一名在魯國總門留守的墨者飛奔而來。在楚國做官的耕柱帶傷逃回了總門，有要緊事稟報，請墨子儘快趕回去。

墨子一行人立即返程。他們剛風塵僕僕地趕到總門外，墨家的宿敵巫馬子卻迎面悠悠然走過來，他又想到一個好辯題，纏住墨子要辯論。

墨子知道巫馬子為人執拗，若不與他辯個高下，他絕不會甘休，當下便站在門口與他辯論起來。還好巫馬子今日的辯題並不高明，墨子三言兩語便將他駁倒，然後匆忙去見看耕柱。

耕柱帶回來一個壞消息：楚王已經決意攻打宋國，不久之後便要發兵。

楚王是好戰之君，熱衷開疆拓土，早就想將宋國據為己有。墨子深知楚王的野心，特意派遣耕柱到楚國做官，以隨時勸諫楚王，又命令宋國的墨者首領曹公子加強戒備，幫助宋國整頓防務。

楚王忌憚墨者，不敢輕舉妄動，便將希望寄託到大匠公輸般身上，以重金作酬勞，請他製造攻城利器。公輸般構思許久，終於造出一座雲梯，經試驗後發現極為好用，大小城池攻無不破。

楚王大喜，立即暗中準備攻宋事宜。耕柱數次勸諫，無奈楚王心意已決，不但不聽，連見也不再見他。

耕柱無奈，便冒險潛入公輸般的宅院，盜出雲梯草圖，連夜逃出了楚國。他先順路趕到宋國報信給曹公子，叫他做好準備，然後繼續北上，回魯國總門向墨子述職告變。

墨子聽他講完，命令禽滑釐召集門下三百勇士，立即整裝出發，南下宋國救援。耕柱日夜兼程，極度疲憊，且在盜圖時觸動機關，肩膀上中了一箭，雖然已經自行敷藥療治，但傷口仍未癒合。墨子讓他在總門休養數日，傷好之後再趕往商丘與禽滑釐會合。

墨子親自率領三百勇士急奔數百里，進入宋國北境，於今夜趕到此地。他見大家都已乏累，便下令擇地歇息。

他一路思考破解雲梯的方法，當下難以入睡，便與禽滑釐用木片模擬雲梯攻城，尋找應對之策。兩人演練了很久，終於找到破解的辦法。

「先生也累了，歇息一會兒吧。」禽滑釐說。

墨子搖頭：「時間緊迫，不敢耽擱，我先行一步，趕往楚國遊說楚王。你等五更之後，再帶大家趕往宋城。」

禽滑釐頗覺不捨，但他知道墨子一旦決定的事，便不可動搖，就問墨子還有什麼訓示。

墨子說：「曹公子在宋國做官太久，已經逐漸腐化。你到商丘後，要嚴厲教訓他一番，倘若他不改悔，便奪去他的官職，依照家法懲治。」

禽滑釐俯首聽命。

墨子抬頭望天，只見夜空遼闊，月華皎潔，浩大宇宙靜謐而安恬。

墨子喟然歎道：「世界如此寧和，世人卻殺戮不已，可哀可歎！倘若人間能有這樣的和平，讓天下的人兼相愛，交相利，不再有不公不義，不再恃強凌弱，我們縱使粉身碎骨，也在所不惜呀！」

禽滑釐在旁邊恭聽，心中同樣感慨萬千。

縣子碩聽說墨子要先走，執意要與他同行，墨子不許。縣子碩口中囁嚅了幾下，好像有話要講，卻又不敢講。墨子看他這個樣子，便已窺破了他的心思。

「我知道你在想什麼。」

墨子笑道：「你是信不過耕柱，對嗎？」

墨家弟子

縣子碩的確信不過耕柱。

這與墨子平時對待耕柱的態度有關。

墨家弟子眾多，家法森嚴，但墨子對待門徒卻並非一味嚴厲，也很少苛責，大多是因材施教，量材任事。唯獨對待耕柱異常嚴厲，時常不假辭色，當眾斥責。

耕柱很是委屈，一天又被墨子斥責，便忍不住問道：「鉅子天天責罵我，難道我就沒有比別人強的地方嗎？」

墨子道：「假如你要上太行山，是驅策馬還是驅策羊？」

「當然是驅策馬。」

「為什麼？」

「因為馬能承擔重任，而羊不能。」

墨子道：「我責備你，也是因為你能承擔重任啊。」

耕柱恍然大悟，從此做人愈發謹慎，任事愈發勤勞，再聽到墨子責備，不但不再難過，反而喜形於色。

縣子碩並不知道墨子與耕柱私下的對話，只看見墨子今日批評，明日呵斥，便認為那傢夥一定是資質太差，不堪大任，才令墨子如此失望；而耕柱遇到責難，竟然喜笑顏開，簡直與傻瓜無異。因此便有幾分瞧不起他。

更讓縣子碩看不上的，是耕柱的吝嗇。

盜墓賊沒有看錯，縣子碩的確曾是齊國暴徒。

數年前，齊國派大將項子牛攻打魯國，墨子勸說項子牛退兵，項子牛不聽，墨子便率眾前往齊國都城臨淄遊說齊國國君，勸他罷兵休戰。

縣子碩久聞墨家多勇士，其中尤其勇武者一百八十人，個個可以赴火蹈刃，死不還踵。縣子碩心下不服，一直想登門挑戰見個真章。他聽說墨子要來齊國，便想去刺殺。他打探到墨子的行程，叫上幫手高何，夤夜潛往。

墨家雖是學派，卻不像其他學派只是聚眾講學，著書立說，門下墨者全都文武兼備，訓練有素。坐可以談經論道，起可以誅暴安良。每次跟隨墨子遠行，無不如臨大敵，戒備森嚴。

縣子碩與高何剛潛到門外，就被墨者察覺到了，一番格鬥之後，二人力竭就擒。墨子在旁邊觀戰，見他二人以寡敵眾，極為驍悍，問明來意後，墨子不禁大笑起來，讓墨者放開他們。

縣子碩與高何從沒有遭遇過這樣的慘敗，深感恥辱，正要拔刀自殺。墨子隨即擊落他們的刀，責備他們心胸狹小，男兒生於天地間，固然不能貪生怕死，但應死得其所，而不是無謂地結束自己的生命。

縣子碩搖頭。

「先生有所不知。我與高何一生好勇，只要聽說哪裏有勇士，必定要去把他們殺掉。今日諸位都是勇士，我二人心悅誠服，既然殺不了你們，只能自殺，方不負『好勇』二字。」

「你錯了。」墨子道：「天下人情，無不是親近喜愛的，遠離厭惡的。你們倘若真的好勇，就應該與勇者在一起，而不是殺掉他們或者被他們殺掉。你們這樣做不是好勇，而是惡勇。惡勇的人，不能稱為真勇士。」

縣子碩與高何聞聽此話，如夢方醒，於是拜墨子為師，投入墨家門下。

墨子很看重他們的勇氣和武功，凡是遇到需要以暴止暴的事便派他們去做。兩人既然已經成為墨者，天天受師門薰陶，心性也逐漸改變，不但不再逞勇鬥狠、肆意欺人，反而極端痛恨別人這麼做，一旦遇到恃強凌弱的事必定打抱不平。

齊國首領相夫子回總門述職，見他們二人性情大變，頗為驚訝，卻也不感到意外，因為墨子教育門徒，最重視環境的影響，他曾經寫過一篇名叫〈所染〉的文章來闡釋這一道理。他說，人性就圖元絲，「染於蒼則蒼，染於黃則黃，所入者變，其色亦變」。

意思是，素絲浸泡在青顏料裏，就會變成不同的顏色，人處在不同的環境裏，也會變成不同的樣子。

縣子碩與高何的改變，正是墨子教育的結果。

墨子為人勤勞，崇尚節儉，要求門徒吃最簡單的飯菜，穿粗布短衣和草鞋，日夜勞作，甘願自苦，並將此作為規範和準則，認為做不到這些，就不配做一個墨者。

縣子碩當慣了強人，性情又豪邁，以前總是大碗飲酒，大塊吃肉，出手大方，揮金如土。成為墨者後，他自然也要遵守家法，一切用度務求節儉，但終究改不淨大手大腳的習氣。

墨者大多是慷慨俠義之士，為人灑脫，不拘小節，所有東西都願與人分享。唯獨耕柱極是小氣。

大家已經很節儉，他卻還能從節儉的花銷裏摳出幾枚錢。平時做事辛苦，大家偶爾會湊錢買些酒肉，舒緩疲勞。每有這種場合，耕柱總是躲得最遠，也永遠不會出一個錢。大家都笑他太慳嗇，縣子碩更是瞧他不起，認為他辱沒了墨者的豪氣。

墨子為推行主張，派遣許多弟子去各諸侯國做官，比如派高石子去衛國，派公尚過到越國，派勝綽到齊國，派曹公子到宋國。

楚國是萬乘大國，楚惠王又是有為的君主，此時吳國已經滅亡，越國忙於鞏固新奪取的領土，齊、晉兩國則陷入內鬥，無暇分心爭霸，天下諸國，唯有楚國最為強大。

墨子與楚國大臣魯陽文君是忘年交，請他居中幫忙，把耕柱推薦給了楚王。如此重要的國家，墨子居然交給耕柱，大家頗感驚訝，令幾名自恃能力出眾的弟子倍感失落，私下紛紛向大師兄禽滑釐詢問緣故。禽滑釐也不知道為什麼，沉吟半晌，說道：「鉅子這樣安排，必定有他的深意。」

縣子碩同樣感到費解，為那幾位優秀的同門暗抱不平。這年秋天，他與幾名墨者受命前往楚國辦事，順道去見耕柱。

墨者到各國公幹，順道去見在那裏當官的同門是墨家既定的規矩，一來探聽該國情報，二來考察他們稱職與否，回來後匯報給鉅子。因此每當有同門來見，做官的墨者往往會熱情招待。

縣子碩等人滿以為耕柱會大方一次，請大家吃頓好的，不料公事辦完，只給了他們三升米飯，既無酒也無肉，連下飯的菜都沒有。

縣子碩大怒，回魯國總門述職之後，忍不住向墨子發牢騷，指責耕柱招待太差。雖說他為人吝嗇，但竟然吝嗇到這個地步，也委實過份，由此可知，他是個極端自私的人，而自私的人是靠不住的，一旦有財富誘惑，就可能見利忘義，變節背叛。言下之意，是希望墨子將耕柱召回來，改派其他有才有德的人。

縣子碩這樣講，並非公報私仇，惡意中傷，而是有前車之鑑。齊國大將項子牛多次攻打魯國，墨子為阻止他，特意派遣弟子勝綽去他那裏任職。後來項子牛繼續侵略魯國，勝綽不但不加勸阻，反而貪圖利益，跟隨項子牛一起攻打魯國。墨子大怒，將勝綽逐出墨門，然後親自去遊說項子牛。遊說失敗後，這才有了齊國之行，縣子碩和高何也因此被他收到門下，成為墨者。

墨子知道縣子碩的意思，卻只是笑了笑，說道：「看人不能只看表面，你還不瞭解他，不要急於下結論。」

墨子對耕柱的偏袒令縣子碩很不開心。如今楚國要大舉攻宋，形勢已不可挽回，耕柱顯然沒有善盡職責，讓楚王遵奉鉅子「非攻」的主張。他甚至懷疑耕柱逃回總門也是有詐，意在誘使鉅子前往楚國，將他囚禁起來，乃至於殺掉。須知當今天下，最好戰的便是楚王，而鉅子與墨者則是楚王侵略擴張的一大障礙，鉅子一死，墨者也將樹倒猢猻散，從此天下便再沒有人能阻止他窮兵黷武。所以縣子碩不願墨子去楚國，縱使道義所在，不得不去，他也要陪鉅子一起前往。

墨子聽他講出心聲，既是感動，又有責備。

「耕柱的小氣並非自私，更不是貪婪，他將縮衣節食省下的錢，全都捐獻出來，交給本門公用。你們那次從楚國歸來不久，他就送回來十鎰黃金，全部是他俸祿所得。」墨子說：「但他有個請求，讓我不要公開這件事，所以至今沒人知道。默默行義，不求人知，這才是我們墨者應有的精神啊！」

縣子碩愕然。

「天下諸侯，無不是心懷欲望，雖然知道我所主張的『兼愛』、『非攻』是好的，但卻往往難以遵行。我派公尚過遊說越王，越王很是悅服，但他寧可封給我五百里土地，也不願奉行我的主張。」

墨子繼續說道：「我們所能做的，只是盡力而為，倘若諸侯國君不聽，我們拿他們也沒有辦法。高石子在衛國，衛君對他很優待，高石子不斷勸說衛君遵奉我的主張，衛君總是不聽，高石子就放棄了高官厚祿，回到魯國總門，你們都敬佩他，稱讚他輕富貴，重道義。今日耕柱也放棄高官厚祿，冒險而歸，你不但沒有稱讚的話，反而懷疑他有詐，著實不該。況且耕柱不僅帶回來楚國攻宋的計畫，還帶回來雲梯圖紙，使我們獲得先機，功勞不可謂不大。你們都是墨者，有同門之誼，應當相親相愛，切勿再以私心猜疑。」

縣子碩羞愧難當，匍匐請罪。墨子安撫他幾句，不便再多停留，立即動身啟程。

禽滑釐送到河邊。墨子一邊脫鞋，一邊叮囑禽滑釐。「我去遊說楚王，未必一定成功。你們趕到宋城後，要立即打造守城的器械，修築防禦工事。桔槔、渠荅、擲車、轉射機、連弩車都要多造，而且要堅固精良。箭支尤其要多準備，最好用竹子或楛木製造，箭鏃要用齊國的鐵矢。窯灶鼓橐和罌聽預置到位，蒺藜、沙子、灶灰、秕　等物也不可疏漏。」

說完，他提著草鞋跳進河水，最後交代禽滑釐：「孫武有句話講得好：『無恃其不來，恃吾有以待之；無恃其不攻，恃吾有所不可攻也。』最終的成敗，還要看你們的戰爭準備和戰鬥意志。」

禽滑釐聽命，與墨子作別。

墨子向南疾行，天亮時已走了五十多里，即將進入宋國。宋國地處中原腹地，河流如帶，沃野千里，這裏原本是商朝的發跡之地，宋國人也是商朝皇族的後裔，偉大而輝煌的商王朝，是宋國人引以為傲的榮光歷史。

周王朝滅掉商朝後，將商朝遺民分封到他們祖先的故地，是為宋國。在世人看來，這是勝利者對失敗者的恩典，宋國的存在，也無疑是失敗者的活標本。因此天下諸侯看待宋國，無不眼光曖昧，意味深長，每每拿來調侃取樂，文人寫文章，也愛拿宋國人當反面教材，非蠢即呆，其傻無比。

歷史的光輝與現實的屈辱，令宋國人在驕傲和自卑之間進退失據，一直想要重建榮耀，卻一直被現實無情打擊。時至今日，它的國土愈來愈小，國力也愈來愈弱，已然淪為俎案上的肥肉，任由強國蠶食鯨吞，若不是有墨者相助，恐怕已經滅國了。

墨者以天下為家，救天下苦難，對宋國尤其熱心，宋國境內的墨者人數也最多。這與墨子的身世有一定關係。

墨子的祖先是宋國貴族，後來遭遇變故才遷到魯國，因此對宋國感情特殊。而宋國處在強國之間，今天被晉國攻打，明天被楚國霸凌，時不時還會遭到齊國和吳國的欺負。沒完沒了的戰爭將宋國搞得焦頭爛額，一直呼籲各國休戰，墨子主張「非攻」，正說到了他們的心窩裏。

墨子訓練的墨者，個個身懷絕技，尤其擅長防禦作戰，不僅主動要求幫忙抗敵，還不要報酬，不求封賞，宋國國君當然求之不得。宋國以禮相待，墨家也赤誠相助，因此墨者在宋國勢力龐大，諸侯也因此對宋國多了幾分忌憚。其間雖然發生過不愉快，宋君聽信權臣讒言，差點殺掉墨子，但那不過是宋國國內一時的權力之爭，事過之後，墨者在宋國依舊保有強大的勢力。

如今楚王要大舉進攻宋國，墨子與墨家自然不會置身事外，況且阻止不義的戰爭本來就是墨家份內的事。

墨子一路南行，還未走到商丘，結實的草履已然磨穿了底，所幸腳板上老繭厚實，一時並不覺得疼痛。

途中經過許多村落和城邑，只見人們安然若素，一副麻木生活、無動於衷的模樣，全無大戰將至的緊張和不安。料想他們還不知道戰爭的消息，或者雖然知道大戰將至卻並不關心。經歷過太多無可逃避的戰爭，殺戮和死亡便不再那麼令人恐懼。

這實在令人感慨，然而墨子卻無暇多想。此時的他只關心一件事：如何說服楚王。

遊說之道

要說服貪婪的侵略者放棄戰爭，絕不是一件容易的事。一個合格的說客，不僅需要雄辯的口才和機敏的反應，還需要過人的膽識、出眾的智慧以及對事物超常的洞察能力。

一個優秀的說客，往往可以憑藉銳利的詞鋒，左右一個國家的內政和外交，甚至影響天下大勢，改變霸權格局。

不僅遊說諸侯需要雄健的辯才，傳播學說同樣需要。諸子百家，學術爭鳴，要推廣自己的主張，同時反擊別人的攻訐，都有賴於高超的論辯才能。

儒家的亞聖孟子曾說：「予豈好辯哉？予不得已也！」意思是，我不是喜歡與人辯論，而是不得已啊。墨子與論敵爭論，常常憑藉過人的辯術直取要害，將對手一舉擊敗。

比如有一次，儒學宗師子夏的一名弟子登門挑戰，他質疑墨子「非攻」的主張，要與墨子辯論。

「你口口聲聲鼓吹『非攻』，人與人之間怎麼可能沒有爭鬥呢？」子夏的門徒說道：「就算是君子之間，也會有爭鬥。」

墨子道：「君子之間可以沒有爭鬥。」

「不可能！」子夏門徒道：「豬狗尚且爭鬥，哪裏有不爭鬥的君子？」

墨子大笑：「你們儒家言必稱商湯周文、禮義道德，行動上卻拿豬狗來相比，真是可悲呀！」

子夏之徒自知失言，窘迫不已，再也辯論不下去，於是尷尬而退。

類似這樣的辯論不勝其數，也大大地促進了墨學的傳播，使得墨子的主張廣為人知。墨子收徒，不問出身，只要認真求學，誠心行義，便可投入到墨家門下。但他教徒甚嚴，凡是墨家弟子，都要「厚乎德行，辯乎言談，博乎道術」，即品德要高尚，口才要善用言辭，學說要廣博，方略要高明。

墨學門下設有三科：說書科、從事科、談辯科。說書科培養墨家教育人才，從事科培養百業實幹人才，談辯科則培養言談論辯人才。墨子深知辯術對於傳播學說、推行主張的重要性，因此極重視談辯教育。他自己也親自遊說諸侯，以其辯才宣揚學理，阻止戰爭。

某年秋，墨子出遊鄭國，恰逢魯陽文君準備攻打鄭國。

魯陽文君即楚國司馬公孫寬，因他的封地在魯陽，所以世人稱其為魯陽文君。公孫寬是楚國名將，極是驍勇，傳說他率領軍隊與敵國交戰，從早晨大戰到黃昏，愈戰愈勇，眼看太陽就要落山，他便舉戈向太陽大喝一聲，太陽立即後退了九十里。「魯陽揮戈」的典故便是從此而來。

當然，這只是傳說，不可能是真，但也說明了魯陽文君的勇猛。如今他率軍攻鄭，鄭國必將不敵，因此鄭國上下人心惶懼。墨子立即趕赴楚國，拜見魯陽文君，試圖遊說他罷兵。

魯陽文君雖是將帥，卻喜歡跟飽學有道之士交朋友。他久聞墨子大名，見他主動登門，非常高興，在府上為他設宴洗塵。

賓主相談甚歡，暢飲之間，也閒聊一些奇聞逸事。魯陽文君道：「楚國南方的橋國，有個極壞的風俗：長子一生下來，就會被肢解吃掉，說是有利於生弟弟。如果肉味鮮美，當父親的還會進獻給國君，國君若高興，便會賞賜他。這種風俗實在惡劣啊！」

墨子道：「中原諸國的風俗也好不到哪裏去。驅使當父親的出征打仗，戰死疆場，然後賞賜他的兒子。這與橋國國君吃兒子賞父親有什麼區別？如果上位者不行仁義，不能兼愛，我們便與蠻夷一樣，還有什麼資格非議他們呢？」

魯陽文君默然，墨子趁機問道：「聽說你要攻打鄭國，不知可有此事？」

魯陽文君道：「是要打。」

「我有一個問題，要向你請教。」墨子道：「街市裡有一個人，暴力闖進鄰居家，殺其家人，奪其豬羊、衣裘和食糧，然後將此當成一件光榮的事，刻到竹簡上，讓子孫後代都知道。這樣做可以嗎？」

「當然不可以。」

「那麼，以武力攻打鄰國，殺害他們的百姓，奪取他們的牛馬、粟米、財貨，還將此當成一件光榮的事，記錄到史冊上，讓子孫後代都知道。這樣幹可以嗎？」

魯陽文君無語。墨子追問：「假如在你的封地魯陽之內，大邑攻打小邑，大家攻打小家，你認為可以嗎？」

魯陽文君道：「不可以，我將會嚴厲懲罰他們。」

「假如在楚國之內，大封君攻打小封君，大貴族攻打小貴族，你認為可以嗎？」

「不可以。我將奉請楚王的命令，鎮壓他們。」

「那麼天下之內，大國攻打小國，強國攻打弱國，你認為可以嗎？」

魯陽文君沉默良久。「不可以。」

「你的封地由你做主，你們楚國由楚王做主，天下則有上天做主。上天擁有天下，就如你擁有你的封地。你封地之內的人以強攻弱，你會懲罰他們；你攻打鄭國，上天也會懲罰你呀！」

魯陽文君道：「若講天意，你就不能阻止我攻打鄭國。鄭國人連續三代殺掉他們的君主，上天責罰，讓他們的莊稼三年不收。我攻打他們，正是順從上天的旨意呀。」

墨子道：「上天讓他們三年不收，已經懲罰過了，你怎能再以天意之名去攻打呢？

比如有一戶人家，兒子強橫不成才，他父親憤怒地鞭打他，鄰居看到了，也拿起棍子來毆打他，理由是，順從他父親的意思，你認為有道理嗎？」

魯陽文君無言以對，便取消了進攻鄭國的計畫。

兩人從此結為忘年交，墨子也不時應魯陽文君的邀請前往楚國講學，墨家在楚國的影響也與日俱增。

但並不是所有國君和權臣都像魯陽文君那樣知恥向義、從諫如流。比如齊國相國——後來篡位自立的齊太公——田和。

齊、魯兩國建立之初是勢均力敵的大國，經過數百年的發展，齊國愈來愈強大，魯國卻逐漸衰弱下去。

到了戰國初年，兩國差距已經非常懸殊，齊國有事沒事都想侵犯一下魯國。魯君頭疼不已，終於想到了一貫不喜歡的墨家領袖墨子，召他入宮詢問應對之策。墨子建議他內安百姓，外和諸侯，取得國民的擁戴和諸侯的支持，然後傾盡全國之力對抗齊國，齊國的禍患便可解除。

魯君覺得他這建議太過迂腐，不知道多少年才有成效，甚至不知道究竟能不能有效，聽聽也就算了。

墨子無奈，於是決定再去一趟齊國，遊說齊國罷兵。這次他沒有見齊國國君，而是找到相府，求見相國田和。

齊國本是周朝開國重臣姜太公的封地，一直雄踞東方，後來出了個雄才大略的齊桓公，任用管仲、鮑叔牙等一批賢臣，國力暴增，成為春秋第一霸主。齊桓公死後，霸業也不復存在，但齊國仍然是天下一流的強國。

但是到了春秋晚期，齊國的權力卻漸漸落到權臣田氏之手。田氏數代為官，掌控了齊國大權，對內收買人心，對外結交諸侯，篡位自立的野心愈來愈明顯。

齊國國君雖是一國之主，卻與傀儡無異，朝不保夕，隨時都可能被田氏廢掉，所以墨子這次去齊國，改而去找掌權的田和。

田和也是個有野心的政治家，他早就知道墨子和墨家，但卻不喜歡墨家，更不喜歡墨子。攻城略地、兼併小國已經成為天下諸侯爭相達到的目標，魯國在齊國旁邊，齊國要稱雄諸侯必然要攻打它，進而割取它的城池和土地，奪取它的財富和人民。然而墨子卻反覆作梗，千方百計阻止齊國用兵。

項子牛是齊國名將，被授予征伐魯國的重任，墨子不斷在他身上下功夫，幾乎將他策反。田和掌握國政之後，自然也要延續伐魯大業，毫無疑問，墨子及其門徒也將繼續阻攔下去，每當想到此事，田和就極不痛快。

因為在這個公仇之外，田和與墨子還有一樁私怨。

墨子上次來齊國遊說齊君放棄攻魯，在講了一大堆道義與利害，說明攻打魯國不對之後，突然話題一轉，奉勸齊君不要再縱情聲色。

齊國歷來富庶，國都臨淄尤其繁華，都中百姓無不愛好音樂，吹竽、鼓瑟、擊筑、彈琴，自宮廷以至閭巷，終日弦歌不絕。

齊君沉溺於樂舞酒色之中，在宮廷養了上萬名藝人，這些藝人飲食精美，衣飾華貴，除了表演什麼也不做，每年花費極其龐大。

墨子極言縱情聲樂的害處：首先，會消磨意志，荒廢國政，以致大權旁落；其次，養這麼龐大的樂隊，必然會加重百姓負擔，使民心離散。長此以往，必將失去國家。

墨子這麼講，固然有勸誡齊國國君改掉惡習、勤政愛民的意思，但更大的目的在於離間齊國君臣關係，因為齊國國君親政之後，必定會與田氏展開激烈的權力爭奪，齊國一旦陷入內亂，就不會再有精力去攻打魯國了。

對此，田氏驚恐不已，深恨墨子多事。所幸齊君昏庸，根本聽不進墨子的勸告，依舊沉溺於聲色之中，不理朝政，田氏這才放下心來。

田和上任之初，急於施展雄心與抱負，因此勵精圖治，日夜匪懈。他正忙著處理政務，守門人忽然手持謁見信來報，說是墨子求見。田和接過求見信看了看，丟到幾几上，眉頭不由得皺了起來。他實在不想見墨子，但又顧忌他的聲望與影響，不便太過輕忽，猶豫片刻，還是勉強接見了他。

雙方分賓主坐定。田和有意調侃墨子，對他笑道：「先生遠道而來，是要勸我不要尋歡作樂嗎？」

墨子答道：「非也。但是講到尋歡作樂，您認為不應該節制嗎？」

「當然應該。否則您就會去找國君，而不是來找我了。」田和語含諷刺。「那麼先生大駕光臨，不知有何見教？」

「不敢。我是有一個問題想不明白，特來向您請教。」

田和很是驚訝。他久聞墨子非常自負。他曾告誡門下弟子，用他的話已經足夠，倘若拋開他的言論，另換一種思路，無異於丟掉飽滿的果實，去撿拾他人遺留的穀穗；拿別人的話反對他的話，更如拿雞蛋砸石頭，即便砸光天下的雞蛋，石頭仍然堅不可摧。今日他登門求見，竟然說是要向自己請教問題，田和一時有點摸不到頭腦。

「先生請講。」

「有這樣一把刀，拿來試砍人頭，迎刃而斷，你說它鋒利嗎？」

「鋒利。」

「砍了很多頭，無不應刃而斷，它鋒利嗎？」

「非常鋒利。」

「刀是很鋒利，但由誰來承擔殺人的罪惡呢？」

「刀只是利器，應由砍頭的人承擔罪惡。」

「那麼，吞併別人的國家，殘殺別國的百姓，又該由誰來承擔罪惡？」

田和頓時明瞭墨子的用意，低頭思索片刻，又仰頭發了會兒呆，黯然說道：「由發動戰爭的人承擔。」

墨子立即追問：「您還攻打魯國嗎？」

田和苦笑。「先生先回去休息，容我再想一想。」

墨子知道他只是敷衍，但是言盡於此，道理也已經說得很明白，田和若執意不聽，墨子也無話再講，只好回住所等候答覆。

墨子一連等候三日，竟無半點消息。到第三日傍晚，忽然闖進一隊公卒，在鄉良人的指揮下將墨子住所團團包圍，聲稱要捉拿暴徒縣子碩與高何。

縣子碩與高何是墨子上次來齊國時收入門下的，那時安然無事，現在卻有人翻起舊帳，再愚笨的人也知道田和別有用心。

墨子要去見田和講理，鄉良人不准，命令他先交出縣子碩與高何。

墨子不答應。

「他二人以前是齊國的暴徒，倘若犯法，自然歸齊國有司懲罰，可你們那時卻一直放縱不管。如今他們早已洗心革面，投入到我墨家門下，與以前的暴徒縣子碩、高何再無關係，倘若他們犯法，也自有我墨者家法處置。你們拿當年才有效的齊國律法，來懲治我今天沒有犯罪的墨者，豈不荒謬？」

鄉良人知道墨子巧言善辯，口才無人能及，也不與他爭論，只是麾眾鼓噪上前。縣子碩與高何不願連累墨子，要由公卒拿去，墨子將臉一沉：「你們既然進入墨門，便須遵守墨家法度，豈能自作主張？」

兩人不敢堅持，躬身退下。

隨行墨者環繞墨子與縣子碩、高何，將他們圍在中間，拔刃面向公卒，準備以死相搏。然而公卒們僅是鼓噪，並不真的上前斷殺。過不多時，齊國士師乘車趕到，傳達相國的命令說，暴徒縣子碩、高何於法當誅，但既然已投到墨子門下，看在墨先生面上，特別赦免他們的罪行，即時驅逐出境，永久不得再入齊國。

士師傳罷命令，又取出黃金十鎰。

「區區薄禮，是相國的一點心意，送給先生路上當盤纏，請先生笑納。」

墨子冷笑道：「尊相無非是想趕墨翟離開。墨翟豈是厚顏無恥之人？不聽我的主張，我自然會離去，何勞如此相送？美意心領，黃金璧還。代我拜上尊相，多行不義，必有天罰！」

來齊一趟，無功而返，墨者多少都有點落寞，大家只顧埋頭走路，只有墨子看上去卻氣定神閒，若無其事。

他當然也有失落，只是在開宗立派之初，便知道行義之路必不坦順，挫折與困境在所難免，所以早有心理準備，並在長年歷練中養成了通達的性情，所有的艱難困苦皆如浮雲流水，不能動搖他的心志。況且遊說好比戰爭，成敗本是尋常事。因此，他雖然失望，神色卻是一派雲淡風輕。

他在齊國有個老友，是位隱居的高士，闊別多年，正好順路拜訪。老友住在郊野偏僻，一道竹籬，三間草舍，掩映於一片幽竹中。

故人相見本應該格外歡喜，然而他和墨子都沒有表現出異常的喜悅，彷彿天天見面一樣平靜。老友親自準備酒食，招待墨子和他的門徒，談到此行失利，魯國之難未解，墨子不禁眉頭微鎖。

老友給他的竹盞裏倒滿自釀的黍酒。

「如今天下滔滔，皆為名利，只有你獨自行義，身心俱苦，何必呢？不如罷了吧。」

墨子道：「天下滔滔，不可無義。既然沒人行義，你更應該鼓勵我行義才對，怎能勸我罷了呢？」

老友道：「我就知道你會這麼講。」

兩人大笑。

縣子碩心中不安，拉高何來向墨子奉酒，同時向主人致謝，主人微笑著向他們點點頭。等他們去後，主人對墨子說：「你為這兩人不惜對抗齊國，留人口實，值得嗎？」

墨子道：「唯義所在，不計得失。」

主人搖頭歎息，說道：「像你這般不順從官家，在王法之外另立規矩的，哪個君主能夠容你？你的墨學又豈能長久？」

墨子憮然歎了口氣，將竹盞裏的酒一飲而盡，說道：「倘若我此身必須為義而死，雖死何傷？倘若我墨學最終因義而絕，雖絕何憾？」

禽滑釐在旁邊侍酒，聽墨子講出這番話，一時間熱血如沸，擊案而歌：「死無所傷，絕無所憾，唯義所在，一往無前！」

眾墨者聞聲而和，一個個彈鋏舉酒，慷慨高歌。主人是隱逸之人，也被這情景激起滿腔血氣，緊握住墨子的手。

「你有如此志向，千秋萬代，必有遺響！」

此時此刻，墨子亦心生感慨，同時又想此行遊說楚王，會不會也是遊說田和那樣的結果呢？他心裏並沒有數。貪婪者眼裏只有利益，強暴者心中只有征服，試圖讓他們認錯罷戰，無異於叫醒裝睡的人。

他只知道，這樣的事他必須去做，不論榮辱，不管成敗。因為他是墨翟——唯義是從的墨者鉅子、主張「非攻」的墨學領袖。

墨門首徒

為了節省時間，墨子沒走官道，而是選擇了一條最近的路線。這條路線大多是鄉野小徑，有些地方甚至隱入山林之中，只有當地人才會知曉。

說起來是捷徑，但是山野小路比起平坦的官道無疑崎嶇難行很多，也硌腳得多，墨子鞋底的破洞愈磨愈大，堅厚的繭子也漸漸抵不住無窮無盡的荊棘和石礫，從腳掌相對薄弱的地方開始生出水泡。

所以並沒有捷徑可言，所謂捷徑，不過是用更多代價換取的一點先機。

宋國國都商丘靠近宋國南境。以前，宋國與楚國並不相鄰，中間隔著陳、蔡等國，楚國雖然多次越境伐宋，但畢竟不相接壤，即使佔領了宋國領土，也不能完全據為己有，所以宋國每次被打敗，都沒有亡國的危險。跟楚國接界的諸侯國就沒有這麼幸運了，陳、蔡諸國不斷被楚國蠶食，今日奪走一座城池，明日割去一塊土地，年復一年，疆域日削。楚惠王繼位之後，更是熱衷侵略，先滅掉蔡國，又相繼滅掉陳國和杞國，然後揮師東進，將淮泗之間大片土地納入囊中。至此，宋國與楚國直接面對，失去了所有可以作為戰略緩衝的中間地帶，國都商丘也暴露於楚國的鋒鏑之下。

以楚惠王的雄才大略，攻打區區宋國，並不需要做這麼長久的戰略準備，之所以遲未動手，是因為忌憚助守宋國的墨者。耕柱為勸阻楚惠王節制侵略，減少戰爭，除了不厭其煩地上書談論墨子的非攻之道外，還經常找機會演示墨者的防守能力。

墨子學派與其他學派最大的不同，在於它的組織和實戰。墨子認為，要推行自己的理念，不能只靠遊說宣揚，也不能只寄望執政者採納，還得有強大的力量去進行現實干預。所謂求人不如求己，自己的主張還得靠自己的行動去實現，因此墨子制定了嚴格紀律和明確綱領，將墨家締造成為一個具有嚴密組織性和強大行動力的門派。

墨子本人又是一個具有極高天賦的大匠，以其神思和妙手創造出許多防禦械具和兵器。那些械具大多就地取材，加以改造便可在戰爭中發揮巨大作用。

比如渠答。在城牆上樹立起巨大的木架，在上面張蓋布幔，用以承接敵軍所發射的箭支與飛石，既可保護守城士卒，又可收集敵方箭支與石塊，為己所用。倘若敵兵乘梯攻城，又可將布幔點燃，覆蓋下去，燒殺仰攻之敵。

有些武器則是由墨者特別打造，威力巨大。比如連弩車，它體形龐大，僅造一個機廓便需用一百三十斤銅。一座連弩車可裝六十餘枝箭身長達十尺的長箭，箭尾繫以長繩，發射後可拖回來重覆使用。每箭一弦，弦弦相扣，最終匯到一根大弦上，由絞車將大弦拉開。戰時機廓一開，諸弦齊發，六十多枝長箭支同時射出，聲如雷吼，被擊中的城壘樓櫓，無不立時摧毀。

耕柱將這些強大而適用的守禦工具和守禦戰術描述給楚惠王聽，惠王深受震撼，自忖楚兵雖然驍勇，但要攻破如此強大的防線，委實沒有把握。而宋國與墨者的親密關係天下皆知，貿然伐宋，墨者必然傾盡全力助其守禦。權衡利弊後，楚王才會一直隱忍，沒有輕易動手攻打宋國。

這條「捷徑」路過商丘。墨子不願進城，怕進去後遇到徒眾，一個個過來行禮致意，再或多或少講幾句話，時間就會被浪費掉許多。但他腳板上已經生出數枚水泡，再耗下去必然愈出愈多，一旦破掉，會非常疼痛。疼痛雖可忍耐，但卻會影響趕路速度。

他從衣服上撕下兩片布將腳包起來，才好了一點。他決定從北門進入商丘，去買幾雙草鞋。

商丘畢竟是國都，城垣廣大，市街井然，大小商肆與官民宅舍異常密集。然而墨子進入城內，卻見坊市間頗是冷清，商肆大多半關著門，街上僅見的行人與車輛也都行跡匆忙。看來戰爭的消息已在商丘傳開，並嚴重影響到人們的生活。

墨子找到一家雜貨鋪子，買了幾雙草鞋，又在一家食肆買了些吃的當乾糧，一併裹進包袱。正待離開，卻見市掾帶著幾名稅吏走來，挨門徵收戰爭稅。幾家商肆主人不太情願，交得慢了，市掾的鞭子便抽打上去。

墨子心生惱怒，正要上前干涉，忽見又有一隊兵士快步走來，徑直闖進一家鋪子。那是家老門面，經營鏟、鍤、鍤之類日常所用的鐵器，主人是個老頭兒，年事已高，兩鬢如霜。

帶隊的伍長宣稱奉軍帥命令，將所有鐵器全部徵用。

主人大驚，試圖攔門阻擋，被伍長一腳踢倒在地，額頭磕在門角上，鮮血頓時迸濺出來。

伍長舉起所執短戈，要往主人身上抽打，忽然閃過來一條人影，只聽一聲悶響，伍長龐大的身軀已然摔到店外街道上。

伍長大怒，爬起來細看，卻是一名短衣芒鞋、背負長劍的墨者。那名墨者二十多歲年紀，身形矯健，容貌俊美，只是面色黧黑，一如其他墨者的樣子。

伍長當眾出醜，極是惱怒，卻不敢發作，勉強爬起後反而向墨者拱手一揖。

「我等奉命徵用工具，用以修築防禦工事，墨者何故阻攔？」

那墨者踱到他面前，芒鞋踩在石板路上，輕得幾乎沒有聲音。

「我踢你這一腳，你疼不疼？」

「您是高人，這一腳有千鈞之力，當然疼。」

「你恨不恨？」

伍長怔了一下。「在下不敢。」

「你只是不敢恨，而不是不恨，是也不是？」

「是。」

墨者手指那名倒地不起的老者。「你踢他那一腳，他疼不疼？」

伍長掃一眼老者，只見他額頭仍在冒血。「應該會疼。」

「他恨不恨？」

「我是奉命……」

墨者打斷他。「你只說他恨不恨？」

「可能會恨。」

「他心中有恨，還會不會與國同仇、甘心守城？」

伍長愣了半刻，囁嚅道：「不會。」

「倘若大戰未起，民心已從內部瓦解，即使把防禦工事修得像銅牆鐵壁般，也一樣危如蟻堤，修它又有何用？」

「在下只是奉命……」伍長欲強辯。

「你只是奉命徵用工具，不是奉命製造仇恨，應當和顏悅色，講明道理，並做出相應賠償，豈能如此粗暴行事？」

伍長道：「軍帥沒說賠償，在下就算想給錢，也沒錢可給呀。」

墨者眉頭擰起來，對伍長說：「既然沒有錢賠償，你們更應該客客氣氣，豈能平白取人財物，何況又拳腳相加？這與強盜有何區別？」

伍長唯唯諾諾，向主人賠了個禮，示意兵士將工具搬到車上，率眾而去。墨者取出一錠黃金，遞與主人。「大戰當前，難免生亂，還請老丈見諒。這點黃金，算是對您的賠償，請您收下。」

主人接過黃金，連聲道謝。墨者處理已畢，走到斜對面一家商肆前，對袖手旁觀的墨子稽首行禮。

「門下索盧參，見過鉅子！」

墨子含笑點頭。「起來吧。城中防禦做得怎樣？」

「按照鉅子平素所教，一切照章施行，一月之內應可完備。」

墨子眉頭微斂。「一個月，速度太慢，楚軍不日就到，這樣磨蹭會誤了大事。你回去傳話給曹公子，命他加快進度，不可延誤軍機。」

索盧參應諾。墨子見他好像有話要講，便讓他直說。

索盧參道：「曹公子把太多時間浪費在口舌上，不是在朝堂跟那些卿大夫聚談，就是在城頭向百姓喊話，天天講一些膨風鼓氣的言語，說什麼我們不惹事，也不怕事，楚國要和，就跟他玉帛相見，楚國要打，就跟他你死我活，如此等等。他是我們在宋國的首領，這般言行，不僅耽誤了正事，恐怕還會讓宋國君民盲目自信，大意輕敵。」

「大敵當前，講些鼓舞士氣的話是應該的，但防禦事務絕不可因此拖延。你師父馬上率眾趕到，屆時由他負責防務，讓曹公子專門去演說好了。」索盧參大喜。「我師父要來？」

「一日之內便到。」

「太好了！有師父在，宋城必定安如泰山。」

墨子看他如此歡喜，不由得笑起來。他不敢多作停留，決定馬上離開宋城。索盧參要送墨子，被墨子拒絕，叮囑他趕緊去做正事要緊。索盧參不敢抗命，目送墨子走遠，方才振奮而去。

墨子從南門走出宋城，回想索盧參方才的作為，甚是滿意，覺得禽滑釐教徒有方，能力、德行已堪繼大任，心中喜悅，腳步不禁也輕快起來。

禽滑釐是墨子屬意已久的接班人。

與墨子一樣，禽滑釐最初是儒家弟子，曾受業於西河大儒子夏，他生於泗上一個小國，家鄉是座小城邑。二十歲那年夏天，鄰國忽然發兵來侵，禽滑釐擔心家人安危，遂稟過恩師，仗劍返鄉。他日夜兼程趕到家鄉時，戰爭已經結束了，小邑因為堅守不降，使敵軍頗有傷亡，敵帥大怒，攻破之後大肆屠城，不過數日，昔日熱鬧歡樂的小邑只剩下斷壁與殘垣，處處冒著未熄的戰火。

禽滑釐衝入化為廢墟的城邑，只見死屍遍佈，血流如溪，他的父母和街坊都已慘死於敵人的刀鋒之下。

禽滑釐悲憤至極，放聲大哭，恨透了入侵的敵軍。埋葬父母之後，立即執劍尾追，在一個風雨之夜趕上那支軍隊，黃夜潛入營中，接連刺殺數名軍官，敵帥也幾乎命喪劍下。禽滑釐邊鬥邊退，一路上又殺了十餘個敵兵，逃亡一日夜後，自己也已遍身是傷，逐漸力竭不支。

墨子去遊說兩個激戰多年的國家，勸他們休兵罷戰，沒有成功，鬱鬱而返時恰好遇到奔逃的禽滑釐。天下不寧，墨子每次出行都要攜帶自衛的利器，此次所攜利器是他剛發明的連環弩，一次可發射十隻短矢，可貫穿三十步之外堅韌的犀甲。墨子用強弩擊退追兵，拖著禽滑釐鑽入林莽。追兵畢竟是異國士卒，不敢在敵國領土上多作停留，搜索一番，不見蹤跡，也就退去了。

禽滑釐僥倖不死，對墨子極是感激，詢問恩公大名，得知恩公是墨翟，更是訝異無比。墨子不僅叛出儒家，還銳意反對儒學，是天下儒徒皆知的事。禽滑釐在西河也頗有耳聞，但他並未像同門那樣厭憎墨翟，而是覺得他的話也頗有一番道理，況且同門對墨子的攻擊也並不客氣，不僅言辭尖酸刻薄，有些話簡直就是赤裸裸的咒罵。

比如墨子主張兼愛，他們便罵他無父無君，無異於禽獸，然而墨子的本意明明是說要平等地愛所有人，而不是不要自己的父親，或將父親混同於別人，如此偏激地謾罵不僅不公正，還有失溫柔敦厚的儒家風範。此時以這種方式相遇墨翟，令禽滑釐在訝異之外，也頗感欣喜。

墨子採些草藥，搗如爛泥，敷在禽滑釐傷口上，才一天多，偌大的傷口便紅腫消退，開始癒合。禽滑釐早知道墨子出身於工匠之家，是個極高明的大匠，卻不料他還懂得神農本草之術，欽佩之情更增加了幾分。

幾日後，禽滑釐康復大半，與墨子作別。墨子問他去哪兒。禽滑釐痛感儒學無用，不想再回西河師門，然而天下雖大，卻沒有可以安身之所。

他站在山岩上，遙望蒼茫原野，只見大河滾滾，天地寂寥，一時悲不自勝，拔劍長嘯。墨子在旁邊望著他，神色悲憫而同情。

「你既然無處可去，不妨到我那裏小住一些時日。」

禽滑釐想了想，橫豎沒有歸宿，不如先去恩公那裏暫住，況且他救了自己的命，也得找機會報答，於是便答應墨子，與他一起返回魯國。

兩人邊走邊聊，墨子難免要講一些自己的學理和見解，他口才極好，將本來很晦澀的道理講得異常生動。禽滑釐知道墨子已另立門戶，還搞出一大套學說，但對他的學術主張並無過多瞭解，想當然地認為未必高明，此時親耳聆聽，才驚覺墨子的學問博大通達，絕對不可小覷，尤為可敬的是，墨學處處以實用立論，絕不發迂腐之言，令禽滑釐肅然起敬。他因有切膚之痛，對墨子宣導的「非攻」極是贊同，但是能否在現實中落實，他又深表懷疑。

「只要人們彼此相愛，便可不再爭鬥攻擊。」

墨子說道：「愛他人的身體就像愛自己的身體一樣，還會去傷害嗎？愛他人的家就像愛自己的家一樣，還會去盜竊嗎？愛他人的國就像愛自己的國一樣，還會去攻打嗎？」

禽滑釐反覆咀嚼，深感有理，於是決意改投墨子門下，拜墨子為師，幫他光大墨學。墨子久聞禽滑釐是名勇士，且為人好學向義，是儒門裏少見的真誠正直之人，正有心將他拉到自己門下，此時見他傾心歸附，大喜過望。

禽滑釐性情沉靜，不愛多說話，經歷了大難之後，更是少言寡語，但做事卻極勤敏，能力過人。每次看到他，墨子總會不由自主地想起孔子的那句話：「君子欲訥於言，而敏於行。」拿來評判禽滑釐，真是恰當之極。

禽滑釐與墨子接觸愈久，愈發現墨子了不起：他不僅學問廣博、辯才無礙，還精於技擊、通曉兵法，凡百工之巧幾乎無不擅長。更可貴的是，他對享樂全無興趣，或者說把享樂的欲望壓制得極端徹底，以身作則，處處為門徒表率。

禽滑釐的敬意日益昇華，到後來已然奉若偶像，覺得墨子就是天生的聖賢，來到這個世界，就是為了拯救亂世中的弱小與苦難。他將墨子視為至高無上的領袖，願為他和他的事業——此時已是他們共同的事業——赴湯蹈火，奉獻一切。他勤懇做事，默默付出，不敢、也不願向墨子提出任何要求。

墨子很快就發現了禽滑釐態度的變化。一開始他想考驗一下禽滑釐，因此對他的變化不動聲色。

後來確定禽滑釐已是一名堅定的墨者，便希望他能放鬆一些，不要過於謹慎。不料禽滑釐不但沒放鬆，反而更加勤謹，自我要求也更加嚴格，總是主動去完成最危險、最困難的任務，包攬最重、最累的活計。他原本皮膚白淨，形貌瀟灑，三年下來，卻磨礪成一個江湖之士，雙手密佈老繭，面色　黑如染，儼然鄉鄙勞作之人。

墨子是以苦為樂的人，看他對自己如此苛刻，也有些不忍。一日，他攜帶酒肉，叫禽滑釐陪自己去爬泰山。兩人身手矯捷，很快爬到山巔，只見陽光燦爛，晴空萬里，一群飛鳥掠過林梢，清脆的和鳴有如天籟。

墨子尋找到一處平坦的地方，與禽滑釐對坐在茅草上，將酒肉陳列在面前，要與他開懷暢飲。

然而禽滑釐依舊很拘謹，對墨子恭恭敬敬，不敢逾越師徒份際和墨者的身分界限，令墨子多少有點無奈。

「禽子，你我名為師徒，實則情同密友，我今日與你單獨來這裏，便是要避開眾人，讓你輕鬆一些，咱們講講心裏話。你為何還要如此拘泥呢？」

禽滑釐道：「先生創立墨家，不同於其他學派，而是要以實際行動為天下謀利除害。軍隊沒有法令就不能作戰，墨者沒有規矩就不能成事，所以先生制定了森嚴家法作為墨者的規範。禽滑釐忝為先生首徒，自當身為表率，時時刻刻嚴守法度，絕對不能因為沒有他人在場而懈怠。儒者修身，尚且強調慎獨，我們墨者豈可放鬆要求？」

墨子聽罷，心生感動，也就不再勉強。兩人邊喝邊談，講來講去，都是墨門事務。墨子詢問禽滑釐有什麼想法。

禽滑釐起身向墨子拜了兩拜，然後說道：「我們墨者既然要參與戰爭，以戰止戰，戰備就很重要。墨者在學習《墨經》之外，只是練習技擊，卻沒有專門的作戰訓練。戰爭與行俠截然不同，技擊可以行俠，但在戰場上卻未必有用。我們應該深入研究一下兵法，編修一部軍事教程，用實戰規則來訓練墨者，這樣一旦上了戰場，大家也就知道該怎麼做。另外，作戰裝備也非常重要，戈矛雖然銳利，卻奈何不了堅厚的盾牌。我們要抵禦侵略，必須有強大的守禦工具。先生身為大匠，門下墨者也不乏能工巧匠，不妨研製一些守禦兵械，以備作戰使用。」

墨子邊聽邊頻頻點頭。「這兩個主意都極好。事不宜遲，我們這就討論攻守之道。」

禽滑釐大喜。於是師徒二人一邊飲酒，一邊探討，直到紅日西偏、百鳥返巢才下山而去。墨子精通兵法，且多次親歷戰爭，理論與實踐兼備，經與禽滑釐和幾名得意弟子共同研討後，很快便編出一套守禦教程，由禽滑釐記錄整理，諸如〈備城門〉、〈備水〉、〈備高臨〉、〈備突〉、〈號令〉、〈旗幟〉等十餘篇。同時開設軍事課程，按作戰要求嚴格訓練墨者。從此以後，墨子對禽滑釐更加信任，心下已將他視為墨家傳人。

然而禽滑釐諸般都好，只是性情過於剛烈，不知通融，因此難以和人融洽相處，墨者往往對他敬而遠之。另外他又疾惡如仇、除惡務盡，下手不留情面，也往往不給別人改過機會，巨奸大惡固然聞之喪膽，普通百姓也常常畏之如虎。

墨子對此很是憂慮，所謂過剛則易折，過潔則易汙，過察則無徒。墨子擔心他日後難以服眾，也不能團結同門，倘若自己死後由禽滑釐帶領墨家，很可能會造成門派分裂，因此每每教他氣量和胸襟開闊一些，做領袖者應當務大節、容小過，既須明察秋毫，還應海納百川。

墨子言之諄諄，禽滑釐也意識到了自己的問題，試圖改變舊性情，但畢竟天性難移，努力了很久，成效卻並不顯著。

某年夏天，郝國的墨者傳回消息，郝國冒出一名凶徒，名叫索盧參，殺人掠貨，甚是驍悍，官差數次圍捕，不但未能抓獲，反而被他殺死了好幾人。墨者暗中搜索，幾次圍誅，均未能得手，因此報告總門，請求援助。因為郝君不喜歡墨子那一套，墨家在郝國傳播很不順利，倘若幫他們除掉巨凶，必將有助於墨家的擴展。

禽滑釐請求前往。

禽子出馬辦差，幾乎從未失誤過，墨子並不擔心行動失敗，只是叮囑他勿急勿躁，凡事深思而後行。禽滑釐趕到郝國後，以其豐富的經驗，很快查到索盧參的行跡，在一個月圓之夜，將他包圍在一個山鄉聚落。索盧參持劍頑抗。

禽滑釐見他是個獨行盜，自己一方人多，一擁而上，勝之不武，便令墨者守住陣腳，自己與索盧參捉對相鬥。

禽滑釐在月色下細看凶徒，只見身材頎長，面目俊秀，神情雖然兇狠，眉宇眼梢間仍不脫青澀之氣，竟是個二十歲左右的惡少年。

兩人在墨者包圍圈中惡鬥數十回合，索盧參漸漸不敵，手中長劍被禽滑釐擊落，徒手又鬥兩個回合後，禽滑釐的利劍冷不防抵住他的咽喉。索盧參全無懼意，反而對禽滑釐嬉笑起來。

「先生劍法真好，我輸得很心服，可惜我要死了，否則一定拜你為師，跟你學劍。」

村民聞知墨者捕殺索盧參，早已蜂擁而出，圍在四周，看到索盧參就擒，必將被殺，頓時喧嚷起來。幾名老者走上前，居然跪地為他求情。其他村民也紛紛下跪，懇請禽子先生放過這位無知少年。

禽滑釐來郗國後，先勘察案情，已發現索盧參劫掠的大多是富豪門第、貴族之家，此時見鄉民為他求情，便覺必有隱情，於是扶起那些老者，向他們詢問詳情。

原來索盧參劫掠的錢財，都分給了貧困人家，並非自己貪婪享受。禽滑釐與索盧參一番相搏，見他勇武過人，無懼無畏，輸了也坦然認輸，對他已然心生喜愛，不忍殺他，又聽鄉民講明內情，便決意放他一條生路。

索盧參沒想到禽滑釐竟會放他走，頗是意外，愣了一會兒，飛步而去，轉眼消失在茫茫夜色之中。

禽滑釐回魯國覆命。走到郲、魯邊境，夜宿鄉村客舍，三更時分，忽聽有人叩門，開門查看，居然是索盧參。

索盧參倒頭便拜，請求追隨禽師，學習擊劍。禽滑釐知道他的本性並不壞，便答應收他為徒，帶他回魯國總門。

一路上師徒談劍，甚是投機。熟稔之後，禽滑釐詢問索盧參的身世，方知他的父親因為率眾抗賦，被官府梟首，母親悲痛過度，不久也死去了，索盧參從此便寄身江湖，過起了刀口舐血的生活。

禽滑釐感喟不已，慶幸那夜沒有貿然下手，將他殺掉。再回想墨子的教誨，方才明白他諄諄勸誡的深意，從此性情開始改變，不再主觀看人，也不再刻板行事，剛硬之性也柔和了許多。

在禽滑釐的調教下，索盧參成長迅速，不過二十多歲，已成為墨家第三代弟子中的佼佼者。禽滑釐報請墨子允可，將他派往宋國協助曹公子處理在宋事務。

就今日墨子所見，索盧參分明已是成熟幹練的墨者，假以時日，必可承擔大任，這也證明瞭禽滑釐教育的成功。想到墨家英才濟濟，後繼有人，墨子心下極是欣慰，對於來日傳位給禽滑釐，也增添了幾分信心。

「有他統領墨者，我此去楚國，即使拚卻一死，也不用擔心了。」

墨子這樣想著，唇角綻出一絲微笑。

大匠公輸

晉見楚王之前，墨子決定先去拜訪一下雲梯的製造者公輸般。

公輸般與墨子是老相識，墨子很難講清楚自己與這位偉大的鄉黨之間究竟是什麼關係：惺惺相惜的同道？互相啟迪的朋友？還是水火不容的對手？

公輸般也是魯國人，魯國能夠接連誕生兩位大匠，並非偶然之事。魯國雖然重視文教，但因地小人眾，又沒有豐饒的自然資源，兼之連年征戰，賦役沉重，國人大多生活艱難。有個叫曹邴氏的，家裏尤其貧困，實在活不下去，便改行做起生意。他從冶鐵起家，賺到錢後又放貸經商，發了大財，成為國內巨富，產業遍佈魯國各地。魯國人受他影響，紛紛去做生意或從事手工業，追逐相對豐厚的利益，於是舉國上下學宮與商肆並列，弦誦與鍛冶相聞，在這樣的環境下，不僅賢哲輩出，能工巧匠也層出不窮。

墨子便生於魯國的工匠之家。

墨家先祖，是宋桓公的庶長子目夷。

目夷為人有賢德，幫助宋襄公治理國家，經濟發展、吏治清明，宋國大治。宋襄公一心想要稱霸，目夷反覆勸諫，襄公固執不聽，結果泓水一戰，宋國被楚國打得大敗，不僅霸業成為泡影，國勢也衰敗下來。

宋國人都怨他剛愎自用、不聽目夷勸告才落到如此下場，宋襄公極是羞慚，卻不願承認錯誤。

目夷知道他無顏再見自己，為了不讓他為難，便留下擔任左師的兒子繼續為國效力，自己則帶領其他子弟遷到魯國。

他們在魯國既無食邑，又無職權，逐漸衰微下去，幾代之後已然混同於庶民，為了養家糊口，或做工或務農，因為做的是力氣活，風吹日曬，臉色都黑如炭墨，再也沒有貴族時代白皙細膩的樣子。他們的身分既然已經低微卑賤，不願再用先祖的姓氏，以免有辱祖宗，便以「目」的諧音，易姓為墨。

墨子的父親便是一位出色的木匠。墨子出生時，天才工匠公輸般已經聞名全國。公輸般同樣出身貧賤，因出生於工匠之家，孩童時代即跟隨父兄做工，為人修築房室、製作木器，並發明出許多工具，比如鋸、刨、鑿、矩尺、墨斗。

這些工具式樣簡單，但卻極好用，使木匠的做工效率數倍於以前，墨子的父親也因此受惠，對青年公輸般讚佩不已。他希望墨子能夠繼承家業，不料墨子小小年紀，竟表現出驚人的匠人天賦，相繼發明出多種實用工具，令他父親喜出望外，邑人也嘖嘖稱奇，都稱呼他為小公輸。

墨子聽大家這麼稱呼自己，起初很開心，後來年齡漸長，卻又感到沮喪。他覺得這個稱呼看似讚美，其實還是認為他不如公輸般，氣盛之下，他決定去找公輸般，要與之比試一番，分個高低。

公輸般早已名揚天下，列國國君與卿大夫爭相延請他去構築宮臺，打造家具。公輸般奔走於諸侯之間，極為忙碌，幾乎沒有時間回魯國老家。

墨子運氣很好，他找到公輸府上時，公輸般恰好從晉國歸來看望久別的家人。他早聽說魯國有這麼一位後起之秀，極是心靈手巧，一直想去見他一見，只是實在太忙，沒有閒暇，因此至今未能成行。

他正與家人閒談，門丁來報，說是墨子求見。

公輸般大喜，立即出門迎接，設宴為他洗塵，以平輩之禮相待。

墨子沒想到公輸般以天下第一大匠之尊，竟然如此謙和，深受感動，爭勝之心頓時消了大半。兩人暢談匠作祕要，彼此嘆服，感慨相見恨晚。

工匠以技術謀生，往往會心懷私念，不願將自家的獨門本領傳授給他人，擔心教會別人後砸了自己的飯碗。

公輸般和墨子則不然，只要有發明便即時公開，任由世人應用，絕無遮掩隱藏之心。他們之所以如此，一則因為胸懷寬廣，願以發明造福天下，二則因為兩人都是工藝天才，發明創造迭出，因此並不吝嗇。

公輸般見墨子心思機敏，見識過人，不輸自己當年，更兼心胸開闊，為人坦蕩，不禁讚賞有加，在心下引為知己。他留墨子在府上住了兩天，日夜切磋，欣然忘倦。

公輸般此次回魯只能停留兩天，第三天一早便須啟程趕赴鄭國，為鄭君監造宮殿。兩人在曲阜城西作別。

公輸般是聰明人，與墨子相見不久，便已猜到他其實是想比試技藝，只不過後來相談甚歡，才按下了這個念頭。墨子既然不提，他也不便說破，但他知道倘若不比一場，墨子一定會覺得遺憾。

「大賢孔子曾說：『君子無所爭，必也射乎，揖讓而升，下而飲，其爭也君子。』」公輸般對墨子笑道：「君子之間也會爭高下，但他們相爭，是為了表示恭敬，重視禮儀。我們雖是低賤之人，也不妨學學他們，來一場君子之爭，以期互相激勵，促進技藝，如何？」

先秦所謂貧富與貴賤是指財富和地位，財多為富，財寡為貧，位高者貴，位卑者賤。

雖然貴者常富，賤者常貧，但自東周以來，天下劇變，工商興起，卑賤之人也大量致富，貴族之家也多有中落，於是階級漸趨混亂，有富而不貴者，也有貴而不富者，有貧而不賤者，也有賤而不貧者。工匠之業屬於賤民的行當，雖然可以富比王侯，但其地位仍然低下，所以公輸般自稱他們是「低賤之人」。

墨子聽公輸般主動提出比試，立即說道：「小弟正有此意！」

「既然要比，就比個難的。」公輸般抬起頭，看到天際有幾隻鳥雀飛過，便對墨子說：「你看那雁雀翱翔天空，自由自在，令人羨慕。你我就用竹子和木頭為材料，各造一隻鳥鵲，讓它們自行飛翔，哪個飛得時間長，便是哪個獲勝。如何？」

墨子大喜。「這主意極好。只是還應當設立時限，到時間做不出來就算輸。」

公輸般點頭。「行。」

墨子道：「請兄長定個時限。」

「愚兄俗務纏身，恐怕不能專心製造，請賢弟賜個方便，以三年為期，怎麼樣？」

墨子舉手為誓。「諾！」

公輸般也舉起手。「諾！」

公輸般這麼講，似乎是討便宜，其實他心裏清楚，他是要給墨子更多時間去準備。畢竟墨子還是少年，縱然是天縱之才，終究經驗不足。墨子雖然傲氣，不願他相讓，但公輸般的話講得無法反駁，只好接受。

墨子打定主意，一定要在一年之內做出來，先演示給人們看，讓大家做見證，然後放到家裏，待三年期滿，再拿去與公輸般比試。

不料墨子心氣雖高，真要做出這麼一隻可以憑空而飛的木鳥，委實難如登天。他曾與人講解力學原理，認為「力，刑之所以奮也」，斷言力是物體運動的根本原因。一切物體，必須有力量對它發生作用，才能夠運動，也才可能運動；這種力量可以是主動的作用力，也可以是被動的反作用力，但要讓木鳥自己飛上天空，該讓它如何施力或受力呢？

墨子苦思冥想，反覆試驗，不知浪費了多少竹子與木料，依舊不能成功。時間猶如流水，轉眼已過去兩年，墨子的木鳶僅能騰空而起，木翼撲朔幾下便頹然跌落下來。又過去半年，終於可以飛上一個時辰。三個月後，已經可以飛上半天時間。

墨子大喜，繼續改良不輟，等到期限前三天，木鳶已經可以在天空連續飛翔一天了。城中百姓望見木鳶如鷹，在城邑上空振翅盤旋，時而掠過屋簷，時而直上雲霄，無不在街道裏追逐歡呼，驚為神跡。墨子信心飽滿，計算過行程時間，便帶上木鳶向曲阜出發。

途經一座山嶺時，只見道路崎嶇如羊腸，盤繞在山谷之間，時上時下，忽高忽低，路面上也佈滿石礫，徒步行走已經不易，車輛從上面碾過更是顛簸異常。走到山嶺深處，墨子遇見一隊行商的牛車，其中幾輛已經散架，有的車輪因為劇烈顛簸而脫落，車子側翻，貨物散落一地；有的則是車轅與車衡連接處斷裂，無法套牛拉車。

墨子見狀，緊步走上前，幫忙查看損毀的車輛，對領隊的頭人說道：「這車造得很結實，只是缺幾個構件，我幫你們修理一下吧。」

這隊牛車所載的貨物，是從越國北境購買的上等大米，按約要在後天運到曲阜，不料走到這裏幾輛車接連出現故障，以致無法前行。

領隊的頭人心急如焚，跌腳哀歎不已。他瞟一眼墨子，見他年不過二十，背負一隻木箱，手執一只木頭削製的木鷹，那木鷹製作得惟妙惟肖，異常逼真，想來價值一定不菲。頭人以為他是個不務正業、到處遊逛的無賴少年，冷淡地回了一句：「不勞大駕。」

墨子知道他是懷疑自己，也不介意，先將木鳶放到路旁松樹下，然後卸下木箱，取出一柄斧頭、一把小鋸、一把削刀、一個小鑿，砍下幾根硬木樹枝後，在那兒削弄起來。

車夫們上前圍觀，只見他動作輕巧敏捷，將樹枝很快削成幾根小棍和幾個套環。墨子將那些東西拿起來，對車夫們說：「來，幫個忙，裝上去試試。」

頭人焦躁地嚷叫：「那少年，不要亂動我的車，弄壞了你承擔不起。」

墨子笑道：「它們已經壞了呀，反正橫豎走不了，何妨讓我試一下？」

有個年紀稍長的車夫曾經做過木工，他已然隱約窺見墨子所造的東西的妙處，便自作主張，招呼眾人幫忙抬起車身，將脫落的車輪插入車軸。

墨子取出一支小鐵錐，在車軸外端鑿了一個小孔，將小棍狀的硬木插進去，以斧頭砸實，車輪便被轄制在已然鬆動的車軸上不再脫落。然後又將車轅上損壞的部份去掉，換上自己削製的新樣式，車轅與車衡遂巧妙地合為一體，再怎麼震蕩也不會斷裂了。

眾人無不叫好，頭人感激不盡，取出幾枚刀幣相謝，墨子含笑謝絕。

「舉手之勞，何足掛齒。」

他將木箱馱在背上，小心捧起木鳶。頭人得知他去曲阜，正好同路，便請他坐上牛車，載他同行。

墨子嫌牛車太慢，會耽誤自己行程，謝過頭人，趕在車隊之前快步而去。一路上晝行夜宿，趕到曲阜城時，恰好是比試的最後一天。

墨子熟門熟路，進城後直奔公輸宅第。剛趕到公輸般門外，卻見街道上擠滿了人，全都仰頭望天，似是觀看什麼。

墨子也抬頭望去，只見一隻烏鵲正在宅院上空飛翔，翻轉盤旋，輕靈自在，宛如凌空舞蹈的精靈。墨子心頭一震，有種不好預感，遂詢問身旁一名漢子，大家為何要圍觀一隻木鳶。

漢子道：「你須看清楚，那可不是真的烏鵲，是公輸先生用竹子做的。不過飛得那麼高，做得又那麼像，你看不出來也正常。但是你聽呀，它是沒有鳴叫的，真烏鵲哪能不叫？當然啦，公輸先生若要讓它鳴叫，它一定也會鳴叫的。」

「飛了多久了？」

「差不多三天了吧。大家都是來看它還能飛多久的。」

墨子如遭雷擊，僵立當場。公輸家的門丁看到墨子，立即跑過來相請，一邊又向圍觀的人群嚷嚷，宣告這位墨先生便是來與公輸先生比試的人。

墨子羞慚不已，正要跟隨門丁逃進宅院，公輸般已經迎出大門。原來他度量墨子也該到了，便出宅第等候，正好看見墨子和他的木鳶，於是含笑迎上去。墨子將木鳶丟到地上，對公輸般一揖到地。

「我苦思三年，方才造出這只木鳶，卻只能飛翔一日。先生巧思通神，墨翟甘拜下風。」

公輸般見他大方認輸，大笑著將他扶起來。

「小機巧而已，並不足以分高下，賢弟不必介懷。走，且吃一杯酒去。」

兩人正要入宅，忽聽人群中有人大叫：「且慢走，我有話講。」

這人聲音粗魯，帶有很濃重的南方口音，墨子聽著耳熟，回頭一看，卻是那個商隊的頭人。頭人因怕違約，晝夜趕路，居然先於墨子半日到達。

他交割完畢，與人一起逛街吃酒，恰好路過這裏。

公輸般望向頭人，問道：「先生何方高人？有何見教？」

頭人道：「我是粗人，不是什麼高人，但聽你們比試機巧，以造飛鳥見高下，我覺得甚不高明。」

於是他將路上遇困、墨子仗義相助之事講述了一遍。「飛鳥造得再是機巧，又有什麼用處？像墨先生，只用方寸長的木塊，三兩下便削出極為便用的車轄和車輗，我的牛車本來已壞掉了，經他隨便一擺弄，一口氣又顛簸數百里，竟然暢行無礙；牛也似乎舒適了許多，不再那麼容易疲乏。有利於人的巧，才是大巧，無利於人的巧，再是精妙，也不過是小巧而已。所以呀，在我這個粗人看來，墨先生才是真正的大巧之匠。」

圍觀眾人聽他講出這番話，都以為有理，於是喝采回應。公輸般略顯尷尬，強笑道：「君雖自稱粗人，但這一番指教，卻是極高的見識。的確，像墨賢弟這般創造，才是真正的大巧，愚兄拜服了。」

說著，也向墨子長揖到地。墨子連忙扶住。公輸般直起身，攥住墨子的手，笑道：「勝負既分，咱們且去痛飲百杯。」又對頭人說道：「君若有暇，一起來吃杯酒。」

頭人擺手道：「我一身骯髒，可不敢去汙了你的華堂，自與兄弟去街角吃盞濁酒，就得趕腳行路了。」

言畢，向墨子道個別，與同夥說笑著離去。圍觀者也紛紛散去。那只烏鵲終於因損耗過度，跌落下來，一聲輕響，摔成一堆碎片，散落在石板路面上。一隻翅膀摔得最遠，一直滾到公輸般腳下。公輸般俯下身，將它撿在手裏，看了一眼，似有無限感慨，卻又什麼也沒說，將翅膀丟掉，與墨子攜手跨進宅門。

很多年之後，墨子仍然時常講起這場比賽，向弟子們引述那名頭人的見解。墨子並非炫耀勝利，相反，他從不諱言自己其實是失敗者。但在他看來，他卻是收獲最大的人，這收獲並非輿論的推崇與讚美，而是頭人那番話對他的啟發。頭人那番話或許只是感激墨子、為他捧場的狡辯之辭，但平心而論，卻又實在包含著極樸素而又極宏大的道理。

從曲阜回家路上，墨子邊走邊想，以頭人的見解引申開去，所謂仁，為萬民謀利，才是大仁；所謂義，為天下除害，方為大義。墨子的心靈一時澄明開闊起來，彷彿披雲撥霧，進入另一個世界。他如獲至寶，如得新生，不禁臨壑長嘯，那迴響蕩漾遠去，猶如聽見上天的叮嚀與囑託。弟子們聽他講罷，也無不心頭蕩漾。

耕柱說道：「鉅子與公輸般都以工巧聞名天下，但卻有根本不同。」

墨子笑問：「有何不同？」

「公輸般的工巧，是『在工言工』，追求技藝的極致；先生的工巧，是『在工言世』，追求技藝的利人。這便是鉅子與公輸般的不同之處。」

墨子頷首，對眾弟子說：「耕柱悟到了根本啊！技者，器也。器者，用也。自用者是匠人，用於人者是聖賢。你們要牢記！」

攻守之辯

曲阜比試之後，墨子與公輸般便各奔東西。

公輸般又叫公輸班，因他是魯國人，世人又稱他為魯班。經過多年經營，班門子弟也是遍佈天下，各國的大型營造大多出於他的門下。

送別墨子後，公輸般便又離開魯國，奔走於諸國之間，擴展他的土木事業。他先在三晉忙碌幾年，之後又北入燕，東至齊，然後折回中原，應周王之請，在洛邑之北建造了一座離宮，之後又應秦國的邀請，到秦國參與都城營建。

秦國自「春秋五霸」之一的秦穆公之後，國力漸漸衰退，獨守西方，不與關東諸侯來往，中原那些冠帶之國談到他們，每每視為蠻夷。

因為陌生，便覺神祕，公輸般一直想去走一遭，看看那裏的風物與人情。再之後他又東入衛國，南至陳、蔡，繼而應莒國邀約，在泗水之畔講授百工之學，其間短期停留的國家更是不知其數。

天下人都知道公輸般的神巧，在土木營建之外，也有不少國家聘請他製造戰爭兵械，公輸般一概拒絕，並且勒令門徒都不准做。

後來，蔡國國君為母親營造陵宮，公輸般的幾個門徒也參與了工程。陵宮建成之後，蔡君竟然殺掉了所有工匠丟進陵內陪葬，公輸般大怒，發誓要為工匠們報仇。

不久，楚惠王發兵攻打蔡國，包圍蔡國都城，然而連攻多日，一直不能拿下。公輸般便為楚惠王製造了一臺撞車，將城門撞破後，楚軍一擁而入，奪下都城，蔡君逃亡國外，蔡國就此被楚國吞併。

經過這場戰役，楚惠王對公輸般印象深刻，想把他收羅到楚國歸自己所用。公輸般以天下第一大匠的身分和姿態遊走於諸侯之間，獨立自由慣了，對楚惠王的招攬毫無興趣。楚惠王很失望，但仍然以禮相待，三五不時地派人送去一些繒帛珠玉，試圖籠絡他。

吳、越兩國是世仇，越國經勾踐臥薪嚐膽、勵精圖治後，一舉滅掉了吳國，將其領土併入自己的版圖。但對吳國北部廣大地區，越國一直掌控不力，楚惠王乘虛而入，奪走了大片土地。越王非常惱火，決定攻打楚國。兩國從此交惡，攻戰不休。

楚國地處長江上游，每次出兵都乘大船順流而下，如果作戰獲勝，越軍便乘小舟逃跑，難以追擊，倘若戰敗撤退，大船逆流而上又極為不便，往往被越舟輕易追上，傷亡慘重。

楚國連番失敗，楚惠王憂愁不已，派遣大司馬去請公輸般先生，求他相助，造個適用的作戰兵械，克制越軍。公輸般婉言謝絕。楚惠王再派令尹攜帶厚禮和自己的一封親筆信，向公輸般先生殷勤致意。

這次公輸般答應了，他花了一個月時間，製造出一種怪模怪樣的器械「鉤拒」：長約丈餘，粗如碗口，兩端裝有鐵鉤，一旦勾上物體即可緊緊卡住，不開機關便不能擺脫。敵方若戰敗，則以鐵鉤鉤住船舷，使其無法逃跑；敵方若戰勝，也以鐵鉤抵住對方的船，使其不能靠近。

公輸般又製造出配套的長柄兵刃，可以隔船斬殺敵兵，若敵軍兵刃不夠長、無法對戰的話，只能被動就戮。楚惠王急忙裝備楚軍，然後大舉進攻越國，準備報仇雪恨。鉤拒果然非常好用，楚軍連戰連捷，大敗越軍，越王恐慌不已，派遣使者求和，將淮北的大片土地拱手相讓。楚惠王大喜，重賞了公輸般，並在郢都為他建造了一座豪宅，於是公輸般就遷居到了楚國。

自從曲阜一別，墨子與公輸般再未見面，兩人各自致力於自己的志業，天涯商參，難得相逢。直到公輸般介入戰爭，將他的才能用到殺戮上，墨子覺得有必要去拜訪一下這位老朋友了。

他藉來楚國講學的機會去看望剛剛喬遷的公輸般。府宅雖是楚王下令興建的，主持建造的匠師卻是公輸般的得意大弟子泰山，因為他深知師父的喜好，造的宅院必能討得公輸先生的歡心。

墨子知道喬遷那日必然賀者雲集，特地晚了幾天才去，依然見到許多來拜訪的達官貴人。

公輸般是楚王的紅人，楚國的權貴們自然都想跟他交朋友。墨子依舊是一副墨者裝束，褐衣芒鞋，面孔黝黑，夾雜在袞衣錦裳、赤芾金舄的權貴之間，顯得極不和諧。

那些貴人大多聽聞過墨子的大名，但並不相識，見有如此寒酸的賤人到場，都有不悅之色。只有兩個公子在魯陽文君處見過墨子，因此認得，於是向他拱手行禮，口稱「先生」。

貴人們驚悉這位賤人便是名重天下的墨家鉅子，也紛紛拱手叫「先生」，看似客氣，卻無不與他保持一步之上的距離。墨子知道這袞袞諸公在乎出身，看不上自己這個來自北方的鄙俗之人，雖不介意，卻也難免好笑。

公輸般見到墨子，自是驚喜異常。他久聞墨子家法，也見到過墨者，知道他們生活儉樸，以苦為樂，但卻不料墨子以鉅子之尊，竟然也是這樣的打扮，不禁肅然起敬。他簡單應付過權貴們，就帶墨子去靜室敘舊。

闊別多年，公輸般已然有些發福，但精神極好，思維應對非常敏捷。墨子向他拱手祝賀發財，公輸般大笑。諸侯之間雖然攻戰不休，但交流也很密切，鉅賈大賈往往跨國經營，公輸般被公認為有史以來最偉大的匠師，他的土木事業自然也遍及各國，正所謂財源似海，日進萬金。公輸般知道墨子是在調侃自己，也不介意。

「賺錢再多，也不如你創立學派，必定光耀千秋啊。」

墨子一笑。「我創建學派，是為天下謀利，你經營土木，也是為天下謀利，只是方式不同而已。況且君子愛財，取之有道，先生以本領吃飯，賺多少錢都應該。只是先生已經名重天下，富比王侯，正當逍遙自在，不為人臣，卻為何投靠了楚國呢？」

公輸般知他來訪十有八九是要指責自己幫楚王打仗，聽他這樣質問，果然在預料之中。他歎了口氣，向墨子傾訴苦衷。

原來他經營的事業雖然龐大，諸侯卿相也都願意用他，但畢竟是賤民出身，那些王公貴族表面客氣，卻並不真正尊重，骨子裏依然當他是下等人。

他在列國的事業也常常得不到保障，有時候辛苦幹完一件大工程，卻久久拿不到酬金，甚至被當地公卿官吏惡意刁難。

因此他覺得需要有個靠山，而天下諸國莫強於楚，倘若結交好楚王當作靠山，料想天下諸國便無人敢再隨意欺侮，因此他才改變主意，為楚王造出了鉤拒。

「我也曾向許多諸侯和巨卿推薦過你和你的主張，希望他們能夠接納。然而他們卻認為你的學說是賤人之學，不足採用。適才那些權貴的嘴臉你也看到了。當然，你是聖賢，不在乎這些，手下又有威震天下的墨者，無人敢與你作對。我卻只是個匠人，門下還有一大幫徒子徒孫，人人都要吃飯，就不得不在乎了。」

墨子已猜到他是要尋找靠山，只是因此而助紂為虐，令他頗感失望。「你這個投名狀委實厲害，一個鉤拒，竟將稱霸東南的強越一舉征服。有這樣不世的功勞，楚王即使割地相封，也不為過。我聽說你還要為楚王製造堅兵利器，以便攻戰，不知是否屬實？」

「楚王是希望我做，但我還沒答應。」

「楚王尊崇你，是因為你有用，倘若無用，便無異於敝屣，隨時可能丟棄。楚王生性好戰，只愛開疆拓土，必然會讓你不斷製造新兵器。你若造，是助他殺戮，公行不義；你若不造，便絕其歡心，靠山也將不再可靠。如此兩難，先生該如何抉擇？」

公輸般傾身向前，給墨子杯內斟滿酒，笑道：「那就造吧。」

墨子面現不悅之色。「先生寧可殺人盈野，也要討好楚王嗎？」

「我不造兵器，天下諸侯就不打仗、不死人了？一樣要打，一樣要死人。我造出利器，讓他們迅速結束戰爭，死的人反而會少許多。既然戰爭不可避免，那就讓戰爭儘快結束。」

公輸般繼續說道：「譬如楚越之戰，兩國反反覆覆，打了多年，我這鉤拒一出，不過幾仗，越國便已罷戰求和。倘若我不造這鉤拒，他們還不知要打多少年，再死多少人。賢弟的主張，我是極尊敬的，但你拿來遊說諸侯罷戰，卻大多不起作用。倘若你的學說也像我這鉤拒一般實用，試問諸侯誰敢不聽？」

墨子道：「你有你的鉤拒，我有我的鉤拒。你的鉤拒是兵械，你可以鉤人，人也可以鉤你，你可以拒人，人也可以拒你，彼此相鉤相拒，便相害不止。我的鉤拒是大義，我鉤人以相愛，人也鉤我以相愛，我拒人以相敬，人也拒我以相敬，彼此相愛相敬，便相利無窮。我的鉤拒雖然沒有立竿見影的效果，但它救世的功效，卻要遠勝於先生的鉤拒。」

公輸般呵呵一笑。「賢弟辯才，天下無敵，我說不過你。」然後頻頻勸酒，墨子再講任何話，他都不置可否，只是微笑點頭而已，墨子知他嘴上認輸，心中其實不服。

「先生的以戰止戰，是讓強者更快戰勝弱者，大者更快滅掉小者，縱容他們進攻無罪的國家，屠殺無辜的人民。我的以戰止戰，則是抑強扶弱，除暴安良，幫助無罪的國家，拯救無辜的人民。」

墨子道：「先生為攻，我則為守。先生既然堅持己見，咱們只好來日相見於戰場了。」

墨子說罷，起身告辭，公輸般送到府外，怏怏而回。妻子看他悶悶不樂，問他緣故，公輸般便將剛才與墨子的爭論講了一遍。

其妻聽罷，莞爾一笑。「墨子天天講非攻，言辭卻總是咄咄逼人。自恃雄辯的口才，用言辭碾壓他人，豈非同樣以強凌弱？」

公輸般大笑。其妻問道：「既然你們已經反目，以後該怎麼辦呢？」

公輸般道：「他有他的主張，我有我的道理，孔夫子說過，『君子和而不同』。我們可以各執己見，並無礙於私交。」沉吟良久，他又長歎一口氣，徐徐說道：「也許終有一天，我們會在戰場相見吧。」

「如果真有那一天，你們會殺掉對方嗎？」

「誰知道呢？」公輸般苦笑：「也許不等戰場相見，就會有墨者來刺殺我吧。」

其妻大驚。「他會這樣做嗎？」

「他不做，不代表他門下的墨者也不做。他把學派搞得像家法，那些墨者為了他們的義，連自己的命都可以不要，何況是別人的命。而且在楚國的墨者很多，像鄧陵子、苦獲、己齒這些人，都是有名的死士。墨子的高足耕柱也在楚國為官，每次看到我，兩隻眼睛就瞪起來，宛如看到仇人。說不定哪天他們就下手了。」

「那卻如何是好？」

「怕什麼？要刺殺我，得先過了我的重重機關才行呢。」

唯義所在

三年之後，耕柱果然向公輸般下手了，但卻不是要他的命，而是要他的雲梯構造圖。

楚國立國至今，國都已遷徙數次，立國之初，都城定在丹陽，之後遷到紀山之南，稱為郢，昭王時再遷至鄀，惠王繼位又遷至鄢，但後兩次遷都，仍將新都城稱為郢。

鄢郢雖是新都，但卻城高池深、佔地廣闊，一派大國之都的宏偉規模與氣象。

墨子進入城內，但見大街如衢，小街如織，商招蔽日，百工繁忙，人們各安其業，全沒有將要開戰的忙亂與緊張。

大概時代戰亂對他們來說是尋常之事，況且是遠征他國，刀槍烽火也降臨不到他們身上，對比宋城的末日氣氛，真是恍如兩重世界。

墨子穿街過巷，內心感喟不已。他去過公輸府第，不需問路，憑記憶很快就來到公輸般大宅門外。

家丁持謁入內稟報。

公輸般正在琢磨一個可以自動搧風的機械。

楚地炎熱，他岳父遷來後因不服水土得了濕熱症，大熱煩躁，每日都要人搧風取涼，公輸般便想造出這樣一個東西代替人力。他正在後院擺弄得出神，聽到家丁傳報，愣了一下，丟下手中的工具，也不洗手更衣，徑直出門迎接。

「我估算行程，以為你兩日之後方到，不料今日就來了。」公輸般捉住墨子的手，笑道：「看來你和耕柱都是日夜兼程、馬不停蹄啊！哦，不對，你們墨者都是靠腳板趕路，哈哈……」

耕柱不辭而別，想必楚國上下已經無人不知，公輸般以此推斷墨子必定會趕來阻止楚國用兵，倒也不算什麼神機妙算。因此墨子並不訝異，反而也笑起來，說道：「心急自然腳快呀。」

「你們也真是不要命。」公輸般歎息。「耕柱的傷怎麼樣？你們墨者都精通本草，想必不會有大礙。」

墨子一怔。

雲梯是楚國極密武器，造出來之後一直藏得非常隱蔽，楚王還傳出命令，有洩露其形制及攻戰之法者，立誅九族，因此要從軍中刺探情報是絕無可能的事。耕柱認為，雲梯既然是公輸般所造，他府中必有模型或草圖，於是深夜潛入公輸般宅中盜圖，不料為公輸般設置的機關所傷，左肩中箭而逃。

墨子盯著公輸般。說道：「看來耕柱夜訪貴府，先生是知曉的了。」

公輸般大笑。「耕柱進到第二重機關時，便已被我發現。我若不是收起機關，量他耕柱再是了得，又豈能輕易進出？這宅院是我的徒弟依照我的設計建造的，如果沒有我的同意，便是一隻鳥雀也飛不進來。我雖然不殺耕柱，但若不給他一點教訓，未免要讓他小瞧我了，所以就送了他那麼一箭。」

「小輩無禮，先生勿怪，小弟在這裏給你致歉！」

墨子說著，向公輸般長長一揖。公輸般衝他擺擺手，說道：「賢弟萬里而來，不只是為道這個歉吧？」

「當然不止。」墨子說：「小弟有件麻煩事，無法解決，特來向先生求助。」

公輸般會心地笑了。「賢弟是天下聖賢，智慧過人，門下墨者又天下無敵，有什麼事是你辦不了的？」

「先生取笑了。」

「卻是何事？且講來聽聽。」

「北方有個人，叫巫馬子，先生可知道他？」

「知道，咱們魯國人，西河子夏先生的高足，據說經常跟你辯難，找你麻煩。」

墨子點頭。「正是此人。」

公輸般道：「你們的辯難都很精彩，我聽人講過多次，其中一個尤其有趣。說是他找你辯論兼愛，他說他做不到兼愛，他愛鄰國鄒國人勝過愛遠方的越國人，愛魯國人又勝過愛鄒國人，愛家族人又勝過愛魯國人，愛親人又勝過愛家族人，愛自己又勝過愛親人，因為人的情感是愈近愈濃烈，愈遠愈淡薄。打他，他會疼；打別人，他不會疼，所以他只關心自己會不會挨打，而不關心別人挨打疼不疼。同樣，他也只會殺別人以圖利自己，而不會像墨家那樣，殺自己以圖利別人。你就問他，你這高論是要隱藏起來呢，還是要講給別人聽？巫馬子說，我為什麼要隱藏，我當然要講給所有人聽。你說，那你完了，天下必定有討厭你的人，聽從你的高論，便會殺了你讓自己開心，天下也必定有與你利益相左的人，聽從你的高論，也會為了自己的利益來殺你。你我主張不同，經常互相攻擊，我也聽從你的高論，這就把你殺掉。巫馬子嚇壞了，不敢再爭下去，便灰溜溜地走掉了。實在太好笑了，只不知是真有此事，還是你們編出來的？」

「真有此事。」墨子神色凝重，「我今日來，便是想請先生幫我殺掉這個人。」

公輸般大驚。「為什麼？」

「只因我與他主張不同，他便天天在背後詆毀我，前幾日更當眾罵我有病。欺人太甚，不殺之不足以雪此恨！」

公輸般面露不悅之色。「你不是講兼愛嗎？他雖然無禮，你大度容忍就是，何必殺他。」

「所以我請先生去殺，先生不是我墨門中人，可以不用遵守兼愛的要求。」墨子神情極是誠懇。

「況且儒家勢力甚為龐大，與我墨家正是力敵，倘若我下手殺他，他們會當作門派積怨，傾盡全門派的力量與我墨家廝鬥，以後的徒子徒孫，也將冤冤相報，未有了時。但若由先生下手，則會被認為是個人私怨，不至於影響太大。況且你的班門勢力也很巨大，諒他們不敢向先生輕率發難。」

公輸般冷笑道：「天下盛傳你精於術數，果然這麼會算計！我公輸般義不殺人，你還是另請高明吧。」

「我不會讓先生白幹，事成之後，奉上黃金十鎰，作為酬勞，如何？」

公輸般大怒。「你以為我公輸般會貪圖你這區區十鎰黃金，去殺一個無辜的人嗎？縱使給我黃金萬鎰、千乘之國，我也絕不殺人！」說罷舉手指向門外，「你走吧，以後無須再來！」

墨子聽他講出這一番話，神色忽然變得很恭敬，躬身而起，向公輸般鄭重下拜，拜後又拜。公輸般見他行此大禮，愈加憤怒，呵斥道：「再拜也沒用，徒然增加你的醜態，快走，快走！」

墨子笑道：「先生情操，令人欽佩，不枉我引為知交，敬仰至今。我聽說先生為楚王造出了雲梯，準備攻打宋國，不知可有此事？」

公輸般心頭猛然一驚，暗叫不妙，稍做猶疑道：「是有這回事，耕柱難道沒有把雲梯圖樣呈獻給你嗎？」

獻了。」

「那又何必多此一問！」

「因為小弟想不明白，先生自稱不殺一個人，為什麼又要幫楚王殺死成千上萬的人？先生又自稱不殺無辜，宋國人卻有什麼罪過，要慘遭這樣的屠戮？」

公輸般瞠目結舌，憋了很久，突然放聲大笑起來。「中你的計了！」

公輸般說道：「我已經百般小心，還是掉進了你的陷阱裏。墨翟啊墨翟，你嫂嫂說你以辯才欺人，果然不錯，愚兄我就被你欺得死死的。」

墨子也笑。「那麼先生還要攻宋嗎？」

公輸般道：「我說不過你，服了你了。只是雲梯已經造好，楚王必定不會罷手。」

「那就煩勞先生帶我去面見楚王，如何？」

「正有此意。」公輸般笑道：「你長途奔走，想來已經餓壞了，我叫廚上整治酒食，與你吃過，便往宮中去晉見楚王。」

「事不宜遲，你我這便去晉見楚王吧。我囊中備有乾糧，可以邊走邊吃。」

「好吧好吧，拿你真沒辦法。」公輸般含笑搖頭。「等到了楚王面前，你可得好好表現了。」

兩人正要起身，門丁匆匆來報，他瞅了一眼墨子，俯身向公輸般耳語了幾句。公輸般面露訝異之色，輕輕「哦？」了一聲，隨即神色如常，對墨子說道：「門外來了幾位異士，守在大門附近，不即不離，想必是賢弟的高徒吧。」

墨子微怔了一下，疾步向外走去。耕柱逃離郢都後，鄧陵子已派遣苦獲和己齒率領楚國墨者趕往宋國，幫助曹公子守禦宋國，自己則留下來等候鉅子。他知道鉅子獲知消息，必將來楚國遊說楚王，屆時他要隨行保護。

他與幾名墨者喬裝打扮，在郢城北門守候，墨子剛入城門便已認出他們，微微頷首，繼續走路。

鄧陵子等人一副若無其事的樣子，在人群中跟隨著墨子，漸漸匯聚到他身旁。墨子命令他們各自散去，無須隨護，鄧陵子等人不敢違命，只好四下退散，不料他們竟然陽奉陰違，依舊尾隨而來。

墨子含怒而出，掃視宅門前的街道，果然是鄧陵子等人。但在他們之外，還有一個孔武的漢子，戟眉虯鬚，目光炯炯，竟然是縣子碩！

原來墨子走後，縣子碩心中始終憂慮不安。他認為耕柱不辭而別，楚王必然不悅，倘若再知道耕柱盜走了雲梯草圖，定會惱羞成怒，鉅子前往楚國，無異於自投網羅。他向禽滑釐請求追隨鉅子入楚，若有意外，也可以有個照應。禽滑釐不允，但經不住縣子碩再三懇求，況且他自己也擔心鉅子的安危，便答應了。

「你一定要去楚國，便是違逆了鉅子的命令。」禽滑釐說：「萬一鉅子有難，你就以死效命，如若鉅子平安無事，等你回來，再接受處罰吧！」

縣子碩大喜，立即狂奔而去。他一路跟隨在墨子身後進行暗中保護，進入郢都後，正好遇見鄧陵子等人，說明緣故後，鄧陵子等人決定和他一起趕赴公輸般府，一直守候在門外。

墨子怒視著縣子碩，厲聲呵斥道：「大膽縣子碩，竟敢抗命？！」

縣子碩跪倒在地，說道：「弟子不敢抗命，只是害怕這次聽了鉅子的命令，以後便再也聽不到鉅子的命令了，所以違命前來。等這裏事罷，倘若不死，弟子甘受家法處置。」

鄧陵子等人也紛紛拜倒。墨子板臉道：「我與公輸先生是知己，有公輸先生在，我能有什麼危險？」

縣子碩道：「鉅子忘了當年宋國的遭遇嗎？」

墨子心頭一顫。

宋國國君因為墨子是同宗聖賢，且墨家實力強大，想要結為外援，便邀請他到宋國當官，封他為大夫。墨子身為墨家鉅子，一向以「興天下之利，除天下之害」為己任，不願做諸侯國君的臣子，只是宋君盛情難卻，便應邀來到宋國。他認為墨者雖然要胸懷天下，但也必須有一個落腳的地方當作根據地，魯國已是儒家的地盤，魯君斷然不可能支持墨家，宋國既然如此熱情，不妨趁勢將總門轉移到宋國來，將宋國打造成墨家的大本營。

當時宋國的執政者是司城子罕，「司城」是職官名，即「司空」，掌管水利和營建之事，宋國為避宋武公的諱而將司空改為司城，宋國前後有兩個司城子罕。

前子罕是春秋時代宋平公的臣子，為人賢德。

曾有人得到一塊寶玉進獻給他，子罕不受。那人說道：「這玉經過玉工鑑定，的確是寶玉，所以才敢獻給您。」子罕道：「你把玉當作寶貴的東西，我把不貪當作寶貴的東西，假如我收了你這玉，你我便都失去了自己寶貴的東西，所以你還是拿走吧，讓咱們各自保有自己寶貴的東西。」子罕執政時，勤勞自勉，宋國大治。

後一個司城子罕，則是一個玩弄權術的人，他為人貪婪驕橫，並且懷有不臣之心。他對宋君說道：「人們都喜歡恩賞，怨恨刑罰，以後國家恩賞的事就由您來做，刑罰的事則由我來做，這樣人們就會愛戴你，而由我來承擔他們的怨恨。」

宋君是個糊塗的君主，覺得此話有理，便聽從了。從此子罕掌控了宋國的生殺大權，國人無不畏懼，紛紛依附於他。

墨子到宋國後，窺破了子罕的用心，便向宋君進諫，勸他收回誅罰大權。司城子罕在國君身邊安插了許多親信，得到這個消息後，恨透了墨子，於是向國君進讒言，誣稱墨子胸懷野心，之所以不接受大夫的封賜，其實是想做宋國的國君，他把墨者精鋭都調到宋國來，便是在做奪位的準備。

宋君是個沒主意的人，被子罕這麼一嚇唬，立即慌了，於是聽從子罕建議將墨子囚禁了起來。

子罕深知墨子驍勇，並且有幾名死士日夜守護在身旁，強行捉拿難以得手，於是假稱商議國是，把墨子單獨請入宮內，埋伏下重甲武士，將墨子團團圍住。墨子赤手空拳，自忖難以脱身，便任由他們押入國牢。

司城子罕本以為他會反抗，便可以拒捕之名將他當場格殺，不料墨子竟不抵抗，反而沒有理由下手了，只好先將他打入大牢，準備在食物裏下毒殺害，然後聲稱是病死獄中。

墨子被囚不久，墨者便已獲知情報，立即在縣子碩的率領下強行劫獄，殺入國牢。子罕派重甲兵卒將國牢團團圍住，縣子碩等人據牢頑抗。

雙方拚殺數日，墨者殺不出來，重甲也攻不進去，在宋國的墨者都相繼趕來，在街頭與兵卒殊死搏鬥，商丘一時大亂。

子罕急忙調動大軍將商丘圍起來，不放外面的墨者入城，也不許城內的墨者外出。消息傳開，天下大驚，各國墨者聞聲而動，星夜趕到宋城。魯陽文君也派人疾馳宋國，當面指責司城子罕不義，倘若墨子被殺，他將以老邁之驅，親自率兵攻宋。越王也在公尚過的請求下，派出使節趕赴宋城，請宋君立即釋放墨翟先生，倘若不允，即派十萬越甲攻打宋國。

宋君驚惶失措，責備司城子罕太魯莽，子罕反而倒打一耙，將墨者捨命救主的行為當作墨子將要作亂的證據，力勸宋君不可退讓。宋君被他一蠱惑，果然又起了疑心，不再要求釋放墨子，命令子罕盡速平息事端。

禽滑釐與許氾遠赴山戎領地，追殺幾個逃亡的江洋大盜，一直追入大漠深處，直到得手方才歸來，得到鉅子遭難的消息已是一個月後。

兩人日夜狂奔趕到宋城外，與攻城的各國墨者會合。

禽滑釐與各國來援的首領商議，決定聲東擊西，引開城外的宋軍，掩護禽滑釐和一批精銳墨者越過城垣，潛入司城子罕家，將他劫為人質，以交換鉅子。計議已定，鄧陵子與相里勤在午夜率眾鼓噪，猛攻南門。南門外的宋兵抵抗不住，其他各門的宋兵立即向南門救援。

禽滑釐率領許氾等人衝到城下，各執兩把匕首刺牆而上。墨者使用的兵刃都是百煉而成，刺城牆便似刺腐竹一般，兩刃交替，彷彿壁虎爬牆，快速攀緣而上。城上的守兵也被南門的劇烈戰鬥所吸引鬆懈了防守，他們乘機登上城頭。

城內的墨者佔據國牢作殊死抵抗，城外的墨者又拚命攻擊，各國墨者和義士也從四面八方源源不斷地趕來，令子罕頭疼不已。更讓他擔心的是，再這樣耗下去，不僅楚、越兩國可能興兵來戰，其他國家也可能以此為藉口，趕過來渾水摸魚。

他在府內正為此焦躁不安，忽聽南城門外殺聲震天，驚得他心慌膽戰，不敢入睡，在大堂之上走來走去，又無計可施。城外殺聲漸漸平息，他鬆下一口氣，正要回寢房休息，忽然從屋頂躍下一夥短衣人，彷彿一群飛豹，悄然又兇猛地闖了進來。

子罕被墨者劫持的消息報入宮內，宋君被嚇得縮成一團，直罵子罕多事，自作自受不說，還連累他承受風險，他立即傳令退兵，放出墨子和他的弟子。宋君有意跟墨子重敘舊好，墨子卻已經心緒蕭然，不願在這叵測之地待下去，與宋君一揖而別，帶領墨者離開了宋國。

墨子與墨者走後，子罕立即故計重施，獨掌大權，不久便架空宋君，將他驅逐出去，篡位自立。宋君回想起墨子的規勸，追悔莫及，派人去向墨子致意，請他幫助自己復國。墨子召集各國首領商議，鄧陵子、相里勤和相夫子都認為宋君自作自受，活該有此報應，不願出手相助。只有禽滑釐堅持去救。

「我們墨者行義，是匡扶正氣，除暴安良，而不是任俠使氣，快意恩仇。況且宋君經過這一番劫難，必然痛悟前非，教訓深刻，我們幫他奪回國君之位，他定會感激墨家的義氣，我們也可以藉此在宋國重建墨門。」

禽滑釐這番話正合墨子心意，於是派他率人去保護宋君，並傳令諸國墨者向宋國集結，又派曹公子潛入宋城，暗中遊說公卿大臣。公卿大臣大多不服子罕，於是與墨者裏應外合，殺了子罕，迎接宋君回國復位。

宋君感激不盡，再次邀請墨子來宋國居住。墨子因有前車之鑑，不願再涉入是非，只是派遣曹公子去當了個大夫，統管墨家在宋國的事務。曹公子口才極好，能言善道，極會處理各種關係，由他做首領，有利於修復墨者與宋國的嫌隙，重振墨者在宋國的勢力。

縣子碩在此時又重提舊事，墨子心下不免一蕩。他知道縣子碩的心思，當年宋國之禍，僅僅是權臣作梗，他便已險象環生，今日他是以敵對者的身分，來與天下最有權勢的楚王作對，危險不知要大上多少倍。縣子碩雖然違命，但卻是一片赤誠，明知有殺身之險，仍然不懼而來。墨子瞬間回想起他追隨自己出生入死的許多往事，感動和快慰如雲霞般從心底鬱茂而生。

「起來吧。」他對縣子碩說：「事罷之後，找禽滑釐自請處置。」

縣子碩頓時現出欣喜之色，響亮地應了一聲：「諾！」

來楚國的路上，墨子已想好面見楚王時的遊說之辭，但他並不知道能否說服楚王。

墨子的弟子魏越曾經請教遊說之道，墨子說：「入其國，觀其政，一定要選擇最緊要的問題進行遊說。那個國家如果政治昏暗，就講『尚賢』、『尚同』，勸他們選賢任能、整肅綱紀。如果國困民窮，就講『節用』、『節葬』，勸他們開源節流、移風易俗。如果溺於酒樂，就講『非樂』、『非命』，勸他們節制享樂、勤理國政。如果民風不正，就講『尊天』、『事鬼』，勸他們謹言慎行、有所敬畏。如果侵略好戰，就講『兼愛』、『非攻』，勸他們相愛相利、和平共處。總而言之，一定要抓住要害，直指根本。」

墨子不僅這樣教魏越，也這樣教所有弟子。弟子謹遵教誨，然而以此遊說諸侯，結果卻往往不盡如人意。大凡說客遊說，要麼利誘，要麼恫嚇，從利害關係和人性弱點下手，投其所好，去其所惡，才更容易取得成功。

墨子的方法卻是堅守正道、明辨是非，往往直斥執政的錯誤和國君的不是，所以不受歡迎。

比如今日遊說楚王，假如鼓勵他打仗，慫恿他侵略，他必定龍顏大悅，非常受用，然而墨子卻要勸他休戰，楚王會有什麼反應可想而知，他甚至對此行能否見到楚王都沒有十足把握。所以到達郢都後，他先去拜訪公輸般，試圖從他身上著手，公輸般是楚王最仰賴的人，由他引見，或許會有希望。

令墨子意外的是，公輸般竟然知道耕柱盜取了雲梯圖紙，聽他所言，還是他縱容耕柱去盜的。墨子略加推想，便揣摩出了其中的緣故：公輸般為人仁厚，他深知墨者行事不死不休，倘若看不到雲梯圖紙，耕柱必不會罷手，所以網開一面，不願傷害耕柱的性命。而從耕柱可以平安逃出楚國來看，他也沒有將這件事稟報楚王，否則邊境關閉，舉國大搜，耕柱即使雙肩插上翅膀，也難以逃出羅網。

而公輸般之所以這麼做，是因為他對自己的雲梯極端自信，不怕墨子知道雲梯的構造與原理。

況且雲梯的作用與鉤拒截然不同，假如越國事先得到鉤拒樣本，照樣打造，也可用於水戰，楚軍要攻，便卡住他們的船使其無法進攻，楚軍要逃，也卡住他們的船使其無法遁逃。

雲梯則不然，它是攻城的器械而沒有守城的用途，宋軍即使照樣打造，也沒有任何用處——諒區區宋軍，也不敢拿雲梯來攻打楚國的城邑。

另外讓墨子意外的是，公輸般竟然如此輕易就被說服了。上一次登門遊說，兩個人激辯多時，公輸般雖然詞窮卻並不心服，今日如此痛快地認輸，並爽快答應將自己引見給楚王，委實可疑，莫非他料定楚王必定不聽勸諫，索性做個順手人情？

墨子望向公輸般，只見他神情坦然，氣度從容，一副風輕雲淡的模樣，彷彿一切都有把握，又似一切都不介懷。

墨子難以窺破他的心理，反而也坦蕩起來，不再猜測他的意圖。既然進了龍潭虎穴，管他什麼陰謀陽計，只需要隨機應變、遵義而行，盡人事聽天命，何懼之有？

墨子想到這裏，一時間豪氣滿懷，與公輸般並肩向王宮走去——公輸般本要乘坐馬車，墨子卻堅持走路，公輸般只好放棄乘車，與他一起步行。

楚惠王是當世少有的雄主，雖然已經年近花甲，政務煩冗，每日仍然堅持練劍和習射，風雨不輟。

公輸般求見時，他正在高臺上射箭，挽十石強弓，發三尺長矢，連射數箭，無不命中靶心。

公輸般連聲喝采。楚王持弓而立，等他走近，笑道：「先生來得好，我正有事要找你。」

公輸般要下拜行禮，卻被惠王扶住，只好拱了拱手，問道：「大王找魯班，不知有何吩咐？」

「魯班！魯班！」楚惠王歎息一聲，將雕弓放到樟木弓架上。「先王曾有一個寵臣，是吳國人氏，先王對他極是優待。有一天，那吳臣稱病不朝，先王異常關心，派人去他府中詢問，他究竟是真的生病，還是思念吳國老家。府中人說，不知他有沒有思念吳國，若思念時，他會不由自主地吟唱吳歌。」楚惠王取下套在右手拇指上的象骨韘，遞給旁邊的侍臣。「先生張口閉口自稱魯班，真是無時不忘故國，讓寡人甚是傷感。」

公輸般笑道：「臣不孝，年方弱冠就遠離家鄉，飄蕩天下。承蒙大王錯愛，留我定居在這裏，但是老母仍在魯國，因為不服水土，不願南來。臣自稱魯班，實在是提醒自己不要忘了故鄉年邁的母親。」

楚惠王點頭。「先生的孝心令人動容。寡人幾天前派人出使齊國，令他順道去訪問令堂，奉上黃金百鎰，文錦、緹繒各百匹，聊表心意。」

公輸般再拜。「大王盛情，魯班何以為報！」

楚惠王俯身托住公輸般胳膊，將他扶起。「區區一點心意而已，你公輸先生富比王侯，哪裏在乎這一點東西。不講這些。寡人正有事要請你，你卻自己來了。」他一邊說，一邊卸下護膊的錦韝。

「先前耕柱對寡人講，他們墨家鉅子造出了什麼連弩車，機牙一動，箭如天雨，無堅不摧。寡人叫他造出一座來瞧瞧，他不答應，說什麼鉅子有令，不可外傳。寡人疑心他是怕寡人攻宋，以虛張聲勢。寡人派遣諜人前往宋國打探，只聽說有，卻不見實物，說是被墨者嚴密守護，不准外人靠近，即使戰時使用，也只能由墨者操縱。諜人深入窺探，被一個叫索盧參的墨者連殺數人，至今沒有探出個究竟。用兵之道，虛虛實實，寡人不能信其有，但也不敢信其無，所以拖延數年，不曾攻宋。今日諜人忽然來報，說是宋國得知先生造出雲梯，寡人必將興兵攻打他們，已經開始做防禦準備，墨者也將連弩車拖上城頭。諜人偷窺他們試射，果然箭發如雨，威力駭人。看來耕柱所言的確不假。宋人有這般武器，為患不小，寡人甚感憂慮。所以想再煩勞先生，造一個更厲害的東西，破了他們的連弩車。」

公輸般暗自心驚，略一沉吟，說道：「大王有令，臣自當竭力。」

楚惠王點頭。「那就辛苦先生了。」說罷，背手走下高臺。公輸般亦步亦趨地跟在他身側。

惠王一邊下臺階，一邊說道：「他們墨家不是講『非攻』嗎？耕柱在時，一天到晚在寡人耳邊聒噪『非攻』，還說他們墨家雖然善戰，卻是只守不攻。這倒好，他們竟然造出如此兇猛的進攻武器，如果拿來攻打別人，誰人能擋？真是說一套做一套！」

公輸般道：「他們是把進攻當成最好的防守，用他們的話講叫積極防禦，或者叫被動進攻。」

惠王不以為然。「講那些話，都是文字遊戲。這連弩車是多好的進攻武器，只拿來做防守用，實在是暴殄天物。先生費費心，咱們也造一個出來，不，要造個更強大的，然後以它開路，橫行四海，一統這天下萬國，看看是他墨家的『守』厲害，還是先生的『攻』厲害。」

公輸般點頭作答，然後說道：「這造連弩車的人現在就在宮外，正誠懇求見，大王不妨召他進來，聽聽他有什麼說辭。」

楚惠王愣了一下。「墨翟嗎？」

「正是。」

「他還真來了！」楚惠王冷笑。「膽子倒是不小。」

墨子站在宮門外等候，眼望宮內高臺重樓，宮闕巍峨，頗是感慨。縣子碩與鄧陵子侍立在他身旁，不時瞟一眼宮門前持戈的甲士，神情淡定而無畏。

紅日西偏，他們的身影在地面上漸漸拉長。

墨子從影子移動的長度，計算出公輸般入宮的時間差不多有三炷香了。其間有兩輛極奢華的馬車一前一後進入宮內，想必是達官貴人晉見國君。縣子碩開始有點急躁，用齊語罵了一句粗話；鄧陵子平靜如常，眼光若不經意地四下顧盼，眼神卻冷靜而犀利。這時一陣腳步細碎，一名謁者從宮中急步趨出，打量墨子三人。

「哪位是墨夫子？」

墨子上前一步。「有禮了。」

「大王召見你呢，隨我來吧。」

墨子跟隨謁者走進王宮，穿過重重宮院，登上朝會的大殿。

這是墨子第一次登上楚王宮殿，只見堂皇高闊，曠如校場，實為前所未見的巨大，想必是因楚國疆域最為遼闊，宮廷便也追求相應的氣派。

大殿兩側勇士羅列，貫精甲，持長戟，精神抖擻，有如凶神。楚惠王高坐在大殿之上，兩邊是兩位大臣，左胖右高，分別是令尹和司馬，方才那兩輛馬車便是他們受召前來。大殿上氣氛肅殺，想必是楚王刻意營造出來的。公輸般坐在令尹下手，看到墨子進來，向他點頭示意。墨子走到楚王面前，長揖為禮，而未下拜，隱然有分庭抗禮的意思。魯陽文公已因年邁去職，回封地頤養天年去了，接任的司馬是位好戰的貴族，他見墨子無禮，怒火陡然而起，大聲罵道：「那黑廝，見了我們大王，竟不跪拜？果然是北方的賤人，不知禮儀！」

墨子乜他一眼。「我若跪拜，我便是阿諛的人，大王接受我跪拜，大王便是好阿諛的國君。我不跪拜，我便是耿介的人，大王不受跪拜，大王便是尊賢的國君。敢問司馬，您希望今日的會見，是好諛的國君會見阿諛的人呢，還是尊賢的國君會見耿介的人呢？」

司馬頓時張口結舌，無言應對，公輸般見司馬吃癟，忍不住在旁偷笑。楚惠王久聞墨子能言善辯，此時一見，果然厲害，不禁心生忌憚。他對令尹和司馬說道：「墨先生是北方的聖人，不可輕慢。」

然後又向墨子笑道：「先生高足耕柱，前些時不告而別，定是嫌棄寡人的俸祿太少，另謀高就去了。」

墨子道：「墨者做官，為義不為祿，主張不合，便納履而去，還請大王勿怪。」

「人各有志，不可勉強。」楚惠王道：「先生既然知道主張不合，今日卻又不遠萬里，辱臨下國，不知有何見教？」

墨子道：「聽說大王要攻打宋國，不知可有此事？」

「有。公輸先生造了個雲梯，說是拿來攻城，極其好使，寡人要去宋國試一試。」

「請問宋國有什麼罪過，煩勞大王興兵攻打？」

「也沒什麼罪過，只是寡人的國家如此強大，不打仗豈不浪費？」

「大王即位以來，已經相繼滅掉陳、蔡、杞三個國家，又擊敗強越，佔據淮北。如今天下，楚國疆域最為遼闊，地廣人稀，有餘的是土地，不足的是人民。而打仗就要死人。大王驅殺不足的人民，去奪取有餘的土地，恕我愚昧，不明白這是什麼道理！」

惠王微微發怔，想了一想，說道：「天底下有為的君主，自古以來沒有不熱衷開疆拓土的。土地不能生長，但人民可以繁殖。當年越王勾踐被吳國打敗，逃到會稽時，僅有五千人眾，經過十年生息，越國上下便到處是人。所以寡人不患地廣，也不患人稀，只要使天下的土地都歸屬楚國，生息十年，自然也到處是人。先生說寡人好戰，寡人的確好戰，試問齊、秦、晉、越諸國之君，又有哪一個不好戰？寡人這一生，最想滅掉的國家是吳國。吳王闔閭在位時，任用伍子胥和孫武攻打我楚國，幾乎將我楚國滅掉。寡人繼位之後，發誓一定要滅掉吳國，報了這個血海深仇，不料卻被勾踐搶先一步把吳國滅掉了。寡人每次想起，心裏就恨得慌。如今宋國夾在大國之間，寡人不滅他，別國也會滅他，寡人不搶先下手，勢必又要被別國搶走。人生在世，後悔一次就夠了，豈能再次後悔？所以寡人一定要攻打宋國。」

墨子見他說得振振有詞，不但毫無愧疚，反而理直氣壯，再作正面勸說斷然不會有用了，於是改變詞鋒，緩聲說道：「大王雄心勃勃，我不敢多說什麼。我在北方，住在街閭裏，見到過一件事情，百思不得其解，久聞大王是睿智的君主，今日有幸相見，想藉這個機會，向大王請教。」

惠王懷疑有詐，警惕地盯著墨子。「先生客氣了，不知是什麼事情，且講來聽聽。」

「我有一個街鄰，家世顯赫，極是富貴，卻喜歡盜竊別人的東西。盜也便盜了，他卻連破舊的東西也不放過。他自己有數不清的奢華馬車，看到鄰居家的破輦輿，一定要去偷過來。他有穿不盡的錦繡衣裳，看到鄰居家的破裋褐，也要去偷。他有吃不完的美味佳餚，看到鄰居家的藜藿糟糠，還是要去偷來才甘休。這麼荒唐，不知是什麼緣故？」

惠王見他不再談戰爭，反而講起鄰里人性，既感詫異，又覺好玩。「他這是患了盜竊病。」楚惠王道：「寡人年幼時，曾聽葉公講過類似的故事，那人還是個國君，姓氏就不講了，整個邦國都是他的，卻每天都要偷點東西，否則就飲食無味，夜不安枕，哪怕是小臣的食餘、近侍的脛衣，必須要偷一兩樣來，放到他的密室裏，才可以上床睡覺。真是丟死人。你那位街坊，定然也是患了這種病。」

「原來是盜竊病。」墨子點頭。「我還有一事不解，願大王繼續賜教。」

楚王興致勃勃。「先生請講。」

「楚國的疆域，方圓五千餘里，宋國的疆域，則不過區區五百里。這就好比奢華馬車和破舊輦輿。楚國物產豐饒，魚、鱉、黿、鼉充滿江漢之水，犀、兕、麋、鹿遍佈雲夢之澤，宋國則土地貧瘠，物產匱乏，原野裏連個雉雞、野兔和狐狸都沒有。這就好比美酒佳餚和藜藿糟糠。楚國良木佳材極多，長松、文梓、楩樹、枬樹、絲楠、豫章，諸如此類的名貴木材到處都有，宋國則山野蕭條，連棵大樹都難得一見。這就好比錦衣繡裳和破裋短褐。然而大王卻執意要攻佔宋國，請問大王，這是不是盜竊病呢？」

楚惠王愕然，彷彿被人握住拳頭朝自己臉上狠狠擊了一下，想要回擊卻無從出手。司馬在旁大喝：「無禮！」

墨子並不理睬司馬，依舊眼盯惠王，等他回答。

惠王臉頰略微發脹，怒火在胸臆之間閃動，但見墨子坦蕩無畏，凜然有不可侮犯的氣概，那點怒火閃了幾閃，也便平息下去。他自嘲地笑了一笑，說道：「寡人本來已料定先生必有話術，還是防不勝防。先生言之有理，寡人這等行為，的確有盜竊病的嫌疑。只是公輸先生已經為寡人造出了雲梯，縱使被先生嘲笑，寡人也一定要攻佔宋國。」

墨子道：「公輸先生的機巧，在下極是佩服。然而天下的事物，有陰必有陽，有水必有火，有矛必有盾，有攻必有守。雲梯雖然厲害，卻不是沒有破解的辦法，大王認為必勝，我卻認為未必。」

惠王笑道：「先生這麼說，那就在宋城之下較量一番吧。」

墨子道：「不須前往宋城，此刻在大王殿上，便可比個高下。」

「怎麼比？」

「我和公輸先生用衣帶作城池，用木牒作兵械，他來攻，我來守，在大王面前演示一番，便知高下勝敗。」

惠王回望公輸般。「公輸先生意下如何？」

公輸般欣然而起。「恭敬不如從命！」

墨子見公輸般應戰，便解下衣帶，在地上圍出一塊方形空間作為城池。墨子的衣帶是特別處理過的葛布長條，在腰間纏繞幾周，需要時可以解下當繩索，此時將它展開鋪到地上，竟有兩三丈長，墨子站在中間，空間很是寬鬆。

來見楚王前，公輸般曾勸墨子換身華貴衣裳，畢竟是去面君，基本的禮儀體面還是要講的。墨子婉拒了他的好意，理由是禮儀在於恭敬而不在於冠冕，體面在於自尊而不在於衣裳。公輸般見他意志堅決，也就由他了。

兩人在大殿上各做準備。楚王已命人送上木工器械和木牒，公輸般用木牒製作雲梯、撞車等攻城器械，墨子則在衣帶城上「修築」行城和雜樓，並用渠答遮罩起來，又造出擲機、連弩車和轉射機，把木屑也收集起來，充當沙石炭灰。

兩人都是天下至工至巧的大匠，只見手動如電，兩炷香的時間已做好所需要的模型。準備完畢，兩人相隔衣帶，在城池內外各自站定。墨子神情鎮定，但在平靜之中，卻有一絲凝重之色，公輸般則神態從容，唇角含笑，一副勝券在握的姿態。司馬在旁邊做裁判，大喝一聲「鬥！」兩人便展開激烈的攻防。

公輸般推雲梯向衣帶城下移動，墨子擲車連發，堅石猶如密集的冰雹呼嘯而出，將公輸般的雲梯砸毀了兩臺。公輸般也以擲車猛攻城內，並保護雲梯安全，又驅使兵士奮勇前衝。

墨子推出連弩車和轉射機，大矢射梯，小矢射人，轉眼殺傷無數。

楚惠王與令尹、司馬在旁邊觀戰，只看得心驚肉跳，魄蕩魂飛。

公輸般凌厲的攻勢屢被破解，神情先是嚴肅，繼而凝重，再而緊張，攻到第八回合，冷汗已從額頭顆顆滲出。

到第九回合，雲梯與兵卒終於殺到衣帶城下，架起雲梯強行攻城。墨子在城頭拋撒沙石炭灰，迷傷敵兵眼睛，繼而點燃渠答，傾覆而去，又用油火澆潑，長戈遠刺，強弩勁射，並發連弩斷絕敵兵後援。

公輸般又敗。

公輸般眼看雲梯盡毀，城池卻依然固若金湯，墨子的守禦也從容不迫、進退得宜，似乎還有無窮無盡的應對之術尚未施出，長歎一聲，將木牒丟到地上。

「我輸了。」他說。

楚惠王面色如土，令尹與司馬也很沮喪。墨子朝公輸般深深一揖，說聲「承讓！」然後從地上撿起衣帶，彈去上面的木灰，重新繫到腰上。

惠王失魂落魄地望著公輸般。「先生已無良策了嗎？」

公輸般看了看墨子，墨子已將衣帶纏結停當，大戰得勝，神情自是昂揚飽滿。公輸般苦笑一下，對惠王道：「我倒有一個辦法，可以對付墨家鉅子，但我不講。」

墨子也笑了一下。「我知道你的辦法是什麼，我也不講。」

惠王茫然。「兩位先生在講什麼？寡人糊塗了。」

墨子道：「公輸先生的辦法，是讓大王把我殺了，我死之後，宋城便無人守防，再用雲梯進攻，必可獲勝。卻不知我的弟子禽滑釐已經率領三百墨者，會同精鋭宋軍，準備好了我的守禦兵械，在宋城上等候楚軍。即使把我殺掉，大王也依舊攻不下宋城。」

公輸般臉色蒼白，微微一笑，笑容甚是淒涼。

楚王沉吟良久，抬頭望向墨子，只見他神色自若，彷彿生死皆如浮雲，全不放在心上。

楚王突然一笑。「先生果然智勇無雙，寡人甚是敬佩，今日就看在先生面上，不再攻打宋國了。」

世道之病

公輸般是天下最擅長製造和使用器械的人，楚王和司馬則久經戰陣，縱使文官令尹也對兵法略知一二，大殿上一番激鬥，四人無不心服。墨子既然已經達成使命，便要立即告辭，楚王極力挽留，自稱相見恨晚，要與墨子暢談數日，聽聽墨學奧義。楚王態度極是誠懇，墨子便留了下來，兩人夜以繼日，長談不倦。墨子這次來楚國，將新編的書也帶了一部，正要尋找機會獻給楚王，此時正好送上。楚王欣然接受。

次日一早，派往宋國的諜人飛書來報，禽滑釐果然已率領大批墨者趕到宋城，佈置防禦，各國墨者也紛紛奔赴宋國。楚王徹底死了心，再不曾動過攻打宋國的念頭。

墨子在楚國又停留了幾日，當他確定楚王真心休兵後，便去公輸般家告別。公輸般設酒餞行，並祝賀他克成大功。墨子本來擔心他會心存芥蒂，鬱鬱不樂，然而卻見他神情輕鬆，似乎並不在意失敗，聯想到他縱容耕柱盜走雲梯圖樣，頓覺必有隱情。

他向公輸般舉杯致敬，說道：「小弟有一個疑問，敢請先生賜教。」

公輸般笑起來：「你的疑問都是陷阱，愚兄再不願上當。」

墨子也笑了：「現在是你我師友私會，小弟豈敢不敬。小弟只想知道，先生在王宮大殿上比試時，是不是故意輸給我？」

公輸般沉默了一會兒，說道：「沒有。但這場王宮比試，卻是我的預謀。」

公輸般雖與墨子觀念不同，並為楚王打造出許多兵械，但他畢竟不願看到戰事的發生，更不願看到無辜之人死於自己發明的兵械之下。眼看楚惠王攻宋之勢不可避免，他也非常憂慮。那晚他輾轉難眠，披著外衣在院子裏散步，卻發現耕柱鬼鬼祟祟的身影潛入室內，立即猜出他是要盜竊雲梯圖樣。

電光火石之間，他心生一計，縱容耕柱觀察雲梯，又放他逃出宅去。他料定墨子得到情報，必將趕來遊說楚王，而說服楚王的唯一辦法便是破解雲梯。

墨子得到雲梯圖形，必定會苦思破解之法，在楚王面前演示一番，以勸阻楚王罷兵。

公輸般身為雲梯的創造者，到時必將受命登場與墨子對壘，那麼兩人在王庭之上即可決定戰爭勝敗，而不用再讓雙方將士喋血城頭了。

在此之外，公輸般還有一個心願：再給墨子一次機會，讓他與自己比試一番。當年曲阜比試，公輸般雖然假意認輸，然而事實上的勝敗卻是一目了然的事。縱使按商隊頭人所說，利人之巧方是大巧，那公輸般發明的鋸、鑿、刨、尺，哪一樣不是造福世人的工具？又哪一樣的貢獻小於車和車轄？他料知墨子必然明白其中道理，且知墨子是天生好勝的人，必定會為那次失敗而飲恨終身。——他並不知道墨子其實從中獲益極大，甚至成就了他後來的偉大事業。——所以想再設計一場比賽，各自施展平生所學，較量一個高低。

「事關一生的名譽，我當然會傾盡全力，下手不留情面。只是賢弟技高一籌，愚兄只好認輸。」

公輸般苦笑一下，平和之中卻似有無限惆悵。「賢弟不僅創立墨門，成就不世功業，工藝之道也不曾落下，一生精進，竟至於此，愚兄實在是慚愧得很。」

墨子聽公輸般講罷，感喟萬千，長歎道：「墨翟自詡精明，卻步步都入先生彀中，先生的工巧精算，才是無人可及啊！」

公輸般擺擺手。「輸了便是輸了，不必替我美言掩飾。對了，我在大殿上講那番話，讓大王殺你，你可否記恨？」

「楚王是極有主見的人，凡事都要自己做主，假如你當時不講，他便極可能會殺我，你先講出來，揭破他的念頭，他反而礙於顏面，不好再殺了。」墨子道：「我應當感謝先生的相救之恩才對，怎敢記恨先生？」

公輸般搖頭。「你太精明了，什麼都逃不過你的眼睛。古諺說『察見淵魚者不祥，智料隱匿者有殃』，做人太精明，可能也不是什麼好事。」公輸般說道：「這話雖不見得是真理，但也值得深思。賢弟要注意呀。」

墨子笑道：「先生放心，他們講的是小聰明，小弟胸中自有大智慧。」

公輸般一笑，不再多言。

次日一早，墨子與縣子碩起程返魯，鄧陵子率同留守的墨者送行，公輸般也相送到城北二十里外的驛舍。墨子徒眾成群，個個勇毅剽悍，公輸般則只有兩名班門弟子相隨。

作別之際，天上突然刮起大風，空中煙雲激蕩，河山之間波湧草伏。

公輸般神情有些低落。墨子知曉他的心事，說道：「楚王既然已經停止戰爭，先生恐怕也要失寵了，不如回魯國去吧。」

公輸般寂然一笑，「正有此意。」

墨子正要上路，忽有一輛馬車飛速趕來。一人在車中大喊：「墨先生且留步，大王有物相贈！」馬車漸近，原來是楚大夫穆賀。

穆賀跳下馬車，對墨子道：「大王讀罷先生的書，極是讚佩，聽說先生啟程北歸，特命小臣送上黃金五十鎰，作為川資。」

墨子聽他說楚王讚佩自己，異常欣喜，並不看那些黃金，急切地詢問穆賀：「那麼大王要接受我的主張嗎？」

「這個倒難說，」穆賀道：「大王是佩服先生的本領和學問，也覺得先生的主張的確是好，但是先生的學說，畢竟是……恕小臣直言，畢竟是賤人之學，而大王呢，是天下的大王，恐怕是不便採用呢。」

墨子大怒。「草根低不低賤？可以採來當藥，上自天子，下至卿大夫，都要拿它治療疾病，怎麼沒人因為低賤而不用。農夫低不低賤？他們種的糧食，上供廟堂祭祀，下供公卿飲食，怎麼沒人因為低賤而不吃？姜尚是低賤的人，周文王用他，得到了天下。伊尹也是低賤的人，商湯用他，滅掉了夏朝。為什麼楚王卻因為我墨子是低賤的人，明知我的學說主張是好的，仍然要棄置不用呢？」

墨子說罷，轉身便走。

穆賀在後面叫道：「先生，黃金，黃金，把黃金收下。」墨子道：「不用我的主張，即使送我千里土地，我也不要，何況區區五十鎰黃金！請回吧。」說罷，與縣子碩揚長而去。

戰爭的危機已經解除，可以不用那麼緊張趕路，墨子與縣子碩曉行夜宿，三天後才進入宋國境內。

這天，他們剛走到一座小城外，密雲四合，大雨驟降，一時間白晝昏如暗夜。墨子與縣子碩急步向前，想躲到城門下避避雨，守門的軍卒卻持戈相向，不准他們靠近。縣子碩雙眼圓睜，大喝道：「我們兩個在這城門下躲藏片刻，避一避這雨勢，雨停便走，又不求開門進城，為何阻攔？」

軍卒道：「將軍有命，大戰在即，任何可疑人等都不能放過。你們既不是本城居民，又沒有通關令示，豈能靠近城門？」

縣子碩覺得此話有理，但又不願讓鉅子這樣淋雨，便想告訴他們墨子的身分，卻被墨子在手臂上抓了一把，於是便賠笑道：「諸位軍爺，行個方便……」

軍卒道：「將軍號令如山，誰敢不遵？快走，倘若慢了一步，便把你們當細作抓起來！」

墨子點點頭，示意縣子碩一起離開，從容冒雨而去。剛走幾步，聽到軍卒在後面笑罵：「這麼大雨，不找地方待著，還傻呵呵地趕路，真是有病……」

縣子碩大怒，正要回頭斥罵他們，卻被墨子止住。縣子碩見墨子全無怒色，臉頰之上反而掛有一絲笑意，以為鉅子大度，不與他們計較，便也忍下怒火。他卻不知道，墨子之所以面有笑容，是想到了前些天的一件事。那天得知耕柱從楚國逃回總門，墨子率眾從齊國趕回來，在總門外遇到登門辯難的巫馬子。墨子與弟子急行數百里，無不風塵僕僕，汗垢滿面，巫馬子看在眼裏，倒也心生一絲憐憫和同情，便道：
「你行義這麼久，徒眾極多，也不見上天賜福於你，你依舊行義行義，是不是有病？」
此時此刻，墨子回想起巫馬子那句話，竟是別有況味，萬般感喟一齊湧上心頭。不是我墨翟有病，是這天下有病，這世道有病啊！倘若能以我一人之病，而使天下和寧，世道清泰，吾往矣！
孤獨的墨子依然奔波在無盡的風雨中。
他抹一把臉上的雨水，抬頭遙望天際。雨愈下愈大，似乎沒有停歇的時候。
天色沉沉，如欲傾覆，大地浸泡在無邊淫雨之中，彷彿苦難而泥濘的人間。

墨子生平簡表

前四七七年（周敬王四十三年）

希臘諸城邦，為防波斯再侵，結成聯盟，推雅典為盟主。史稱「提洛同盟」。

前四七五年（周元王元年）

晉定公卒，子晉出公嗣位。晉大夫趙簡子趙鞅卒，子趙襄子趙無卹嗣位。

前四七三年（周元王三年）

越大舉攻吳，吳王夫差自殺，吳亡。

前四六四年（周貞定王五年）

越王勾踐卒，子鼫與嗣位。

前四五三年（周貞定王十六年）

晉大夫趙、韓、魏反攻知襄子，晉陽解圍，屠滅知氏宗族瓜分其地。趙、韓、魏三家共執晉國朝政。

前四五〇年（周貞定王十九年）

羅馬共和國將現行法律刻於十二塊銅牌，公示全國，規定個人權利，區分法律與命令，釐定軍事與民事範圍。世稱十二銅表法。

前四四〇年（周考王元年）

晉哀公卒，子晉幽公嗣位，晉公室權力所及僅剩絳城、曲沃二城。

前四三一年（周考王十年）

雅典與斯巴達爭霸，伯羅奔尼撒聯盟成員科林斯殖民地科賽拉叛變，雅典助科賽拉，聯盟軍遂攻雅典，戰爭歷時十年（第一次伯羅奔尼撒戰爭）。

前四二一年（周威烈王五年）

雅典向斯巴達乞和，訂五十年休戰條約，第一次伯羅奔尼撒戰爭結束。

前四一六年（周威烈王十年）

晉大夫魏氏之地鄴城令西門豹，革河伯娶婦陋習，改良水利。

前四〇四年（周威烈王二十二年）

伯羅奔尼撒戰爭結束，斯巴達人獲勝，雅典投降。

前四〇三年（周威烈王二十三年）

周威烈王封魏、韓、趙三氏脫離晉國為諸侯。

魏國吳起攻秦，取六城。

宋悼公即位。

前三九九年（周安王三年）

色諾芬的老師蘇格拉底在雅典被處死，雅典政府也對色諾芬宣佈了放逐令。

前三九五年（周安王七年）

底比斯聯合雅典、科林斯與阿戈斯與斯巴達爆發持續八年的科林斯戰爭。

前三八九年（周安王十三年）

陰晉之戰，秦國起兵五十萬討伐魏國西河郡，被郡守吳起以少勝多擊敗秦軍。

高盧人擊敗羅馬，侵入羅馬城。

前三八七年（周安王十五年）

吳起奔楚。

秦惠公薨，子秦出公立。

前三八六年（周安王十六年）

周安王承認齊國大夫田和為齊侯，田齊建立。

楚悼王任命吳起為令尹，實行變法。

趙遷都邯鄲。

前三八五年（周安王十七年）

秦庶長改弒秦出公而立秦獻公師隰。

韓伐鄭取陽城，又攻宋到彭城，虜宋悼公。宋人立悼公子宋休公田。

前三八三年（周安王十九年）

秦獻公遷都櫟陽（今陝西富平東南）。

趙國攻破衛國都城濮陽，衛國趕忙向魏國求援，魏武侯親自率領大軍前往救援。

前三八二年（周安王二十年）

魏國聯合齊國為衛國報仇，出兵攻打趙國。

前三八一年（周安王二十一年）

棘蒲之戰，楚國、趙國聯軍打敗魏國，此役也是魏國自魏文侯改革以來首次在戰場上失利。

楚悼王薨，宗室大臣殺吳起，射中王屍，太子臧立，為楚肅王。追究射王屍者，族滅七十餘家。

前三七六年（周安王二十六年）

趙、魏、韓滅晉，三分其地，史稱「三家分晉」。

嗨！有趣的故事

墨子

責任編輯：苗　龍
裝幀設計：盧穎作
著　　者：李清源

出　　版：中華教育
香港北角英皇道 499 號北角工業大廈一樓 B
電　　話：(852) 2137 2338
傳　　真：(852) 2713 8202
電子郵件：info@chunghwabook.com.hk
網　　址：http://www.chunghwabook.com.hk

發　　行：香港聯合書刊物流有限公司
香港新界荃灣德士古道 220-248 號荃灣工業中心 16 樓
電　　話：(852) 2150 2100
傳　　真：(852) 2407 3062
電子郵件：info@suplogistics.com.hk

版　　次：2023 年 9 月第 1 版第 1 次印刷

規　　格：16 開（210mm × 148mm）
I S B N：978-988-8807-19-2

本書繁體中文版由中華書局授權出版